TANCREDE,

TREURSPEL

In RYM ende in VYV BEDRYVEN.

Vertaald uit het Franfch

Door eenen der Litmaaten der Rédenryke BAPTISTEN
ROOIAARS Gulde, gezeid RHÉTORICA,

MET KENSPREUK:

ONRUST IN GENOEGT,

Schuilende onder de Befcherming ende den Eernaam

VAN

MARIA HEMELVAARD,

BINNEN BERGEN St. WINNOKS.

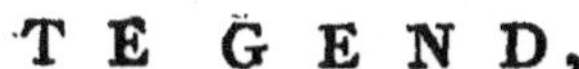

TE GEND,

By J. F. VANDER SCHUEREN, in de Brydelftege,
By d'Appelbrugge.

M. D. CC. LXXXV.

LOOTING,

Gehouden den 23 van Wynmaand 1785 in de gewoone-
lykke Zaal van Vergaadering der Gulde van Rhétorica binnen Bergen St. Winnoks om achtervolgt te worden in
het volgende Jaar

(1786)

Verblyv plaat- zen der gulden	Kenfpreuken.	Vertoondaagen
Rousbrugge	Trooftverwagters en ligtdragers van het H. Sacrament.	Bloeimaand. Sondaag. 21.
Belle	Geldzenders.	Maandaag. 22.
Gend	De Fonteyniften.	Donderdaag 25
Cortryk	Minnelyk van herten.	Sondaag. 28.
Hondfchoote	Pertfetreders, Fonteyniften.	Maandaag. 29.
Steenvoorde	Ontfluiters van vreugden.	Zomermaand. Donderdaag, 1.
Meenen	Wy zwieren door 'sheilig Geeft beftieren.	Mandaag, 5.
Houtkercke	Twift bevegters.	Dynsdaag. 6.
Veurne	Harm in de beurze ende van zinnen jong.	Donderdag. 8.
Poperinge	Spiritus ubi vult fpirat.	Sondag. 11.
Belle	Spaderyken.	Maandaag. 12.
Ifenberge	Geen milder in 't vloeien.	Dynsdaag. 13.

DE Ryzen voorgehouden aen de Gulden, de welke dit Treurbedryv fullen vertoonen op het Tooneel der Gulde-van Rhétorica binnen Bergen St. Winnoks op de daagen hier vooren aengeteekent.

Den eerften   gefchonken door de Edele Heeren van het Magiftraat dézer Stéde ende Kaffelrye, fal beftaan in eenen Standaard verciert met de Waapens der gezeide Stede en Kaffelrye ende de gonne dézer Gulde, met Aenwyzfpreuken, beduidende waer ende op welke wyze dit Eerteeken gewonnen is gewézt; weirdig 300 franfche guldens, ofte in dezelve fomme in geld, naer de keuze der Gulde dewelke den zelven pryz fal bekómen, geópenbaard ter looting.

Den tweeden   in 150.

Den derden   in 100.

Den vierden   in 75.

Den vyvden   in 50.

Den eerfton van

het Blyfpel   in 90.

Den tweeden   in 60.

Den Pryz der afgelégenfte Gulde fal beftaan in eenen gouden Pronkpenning weirdig 72 gelyke guldens.

Men verzóckt dat alle de fpélende Gulden het Affchrift van hunn Blyfpel fouden afzenden dus als gezeit is by hét 7fte. art. van onze voorwaarden, want het zelve zal ftiptelyk agtervolgt worden.

Ik hebbe gelézen Tancrede, Treurfpel ende en hebbe niet gevonden dat de Vertooning des zelfs foude moeten beletten.

Bergen den 1 8bre 1785.

H. W. Gerbidon Paft. St. Martini.

Gezien het voorfchréven Treurfpel van Tancrede ik en belette niet voor den Koning dat de Gulde van Rhétorica dézer Stéde het zelve doe drukken ende vertoonen.

Bergen St. Wx. den 2en 8bre 1785.

L. Huard.

TANCREDE,
TREURSPEL
IN V. BEDRYVEN.

EERSTE BEDRYV,
EERSTE TOONEEL.

VERGAADERING der RIDDERS in een halv rond gezéten.

ARGIRE.

BEroemde Ridders, die Sicilien wrékt van plaagen,
Die in myn huis, uit agt voor mýne kranke daagen
Vergaadert, om den ftaat te redden van tyrans,
Tot rufte van 't gemeente en zégenpraal des lands;
Ja : Syracufe moeft te lang in haare meuren,
Onze opzet opgefchort, en kleenen moed betreuren:
'T is tyd te randen aan het Muzulmanfche rot,
'T is tyd dat wy ontflaan van een rampfpoedig lot,
Het eerfte en dierfte goed die m'ons niet konde ontvringen,
Het meerft geheiligd recht der grootfte ftervelingen,
De vryhéd : onzen wenfch en vollen toeverlaat.
Twee haaters groot in magt van onzen vryen ftaat,
Die 't recht der volkeren en 't heil der menfchen bannen,
Byzantiens Vorften en de trotze Muzulmannen,
Ons dreigen nog met 't jok van hunne dwinglandy.
Zy, die van heel den al verdeelen d'Heerfchappy,
Eetwiften zig den roem van ons in boei te zetten,
Den Griek gévt aan geheel Meffine zyne wethten,
Den trotzen Solamir gebied, en ftout bewoont,
De vrugtbaare oorden door den Etna rond gekroont,
Heel Agriganten en des Ennas groene velden;
'T fcheen alle dézer ftaat den ondergang te melden :
Maar onze dwingelands vernyd op ons te gaar,
Door hunne afgunftighéd bevogten zelv malkaar;
Betwiftende hunnen buit zy hunne magt verlooren ;
En d'Hémel fchynt de béde om onz bevryd te aanhooren;
Den tyd voordeelig is, men moet hem gaade flaan.
De magt der Muzulmans is in haar ondergaan :
Z'is weinig reeds verdagt aan de Europaaners ógen.
In Spagnien Pelagus, Martel in 't Franfch vermógen,
In Rómen Leo, (A) door een chriften drift door gloed,

(A) Leo den IV. eenen der grootfte Paufen dat Rómen oit
gehad héft, hy verjoeg de Arabiers en verlofte Rómen in het
jaar 849. Zie hier hoe er af handelt den fchyver van de proév op

A

Genoeg ons weezen aan hoe men haar dempen moet.
'K wét Syracufe, die ftaag de oproers moet verdenken,
Héft eene vryhéd flegt beveftigd, ligt om krenken.
Ik wille hier niet aan u herrinneren den tyd,
Dat ik de burgeren te zaamen zaag in ftryd;
Dat onzen ftaat vergoot het bloed van zyne kind'ren;
Vergéten wy dien twift dié onzen moed zoude hind'ren.
Ó Orbaffan, laat ons fyn beide aan een geveft,
Tot fteunen onze ftéde en 't algemeene beft.
Dat onz vereenen doe het heil der ftaat herbaaren;
En van onze évenaars zoo wy te afgunftig waaren,
Wy léven en vergaan bevryd van meefters dwang.

O R B A S S A N.

'T is waar, Argire, dat de oneenigheid te lang
Van beide onze huifgezins verdèlt héft het belangen;
Z'ontruftede den ftaat; des burgerens verlangen,
Is de Orbaffans te zien vereenigd met uw bloed;
Nu d'eenen, d'anderen ten fteun verftrekken moet.
Als yvrig burger ik met uwe dogter huwe:
Ik dienen fal den ftaat, en u, en alle de uwe.
En van den altaar daar ik my verpanden gaa,
Ik lóp tot Solamir en uwen vyand flaa.
Maar het is niet genoeg voor ons den Moor te treffen,
Op andere haaters men nog de ógen moet verheffen;
Nog andere tyrans, alhier niet min verdagt,
Van een vernéderd volk miffchien nog zyn geagt.
Wat recht héft 't Franfch geflagt die óver al zig toonen,
Van in onz ryk geweft zoo ftout te durven woonen?
Wat recht hadde een Coucy (B) te kómen in onz land
Van de oevers van de Seine aan de Aretnfche ftand?
In 't eèrfte als onderdaan, hy onderwierp zyn léven,
Eer kort verwaand en trotz hy durvde wethten gèven.
Zyn huis draa groeiende aan in fchat op elken daag,
En op een blinde volk beveftende het gezaag,
Zelv tégen myne ftamm de waapens durvde keeren;
Het wird 'er af geftraft; en fpyts zyns heils vermeeren,
Wy zyne telgen zien geband uit dezen ftaat.
Tancrede (C) een naarling van dat zoo gevaarelyk zaad,
Ververd van déze wands van zyne kinder tyden,

---

de generaale Hiftorie, ende van de zéden van de Geflagten „ hy
„ was Romein gebooren, de kloekmoedighéd der eerfte tyden van
„ den vryen ftaat herlévde in hem in eenen tyd van fwakhéd
„ en bedorventhéd, dus als een der fchoonfte vercierfels van het
„ oud Rómen, dat men fomtyds vind in het verderv van het
„ niewe „

(B) Eenen Heer van Coucy zig ftelde in Sicilien in den tyd
ven Karel den Kaalen.

(C) 't En is Tancrede d'Hauteville niet die eenigen tyd daar
naar ging naar Italien.

De Vorſten, zegt men, van Byzantien diende in 't ſtryden;
Hy is verbitterd, trotz, en zéker groot in magt,
Hy onze wethten haat en maar naar wraake tragt.
Elk Franſch moet ſyn gevreezt : wy zelve zaagen daalen,
Uit 't wak Neuſtrïen en haar ſtaag bevroozen paalen,
Dry Edele (D) die blood van goed en onderſtand,
In 't Apuleenſche veld (E) zig mieken 't vaaderland.
Zy zonder ander recht ten ſy te mógen vegten,
Verjoegen de eigenaars en ſtaaten durvden rechten;
Griek, Franſch, Duitſch, Arabier en alles ons vertréd.
Onz ongelukkig land door zyne vrugtbaarhéd,
Kont 's róvers herten door zyn voordeel ligt'lyk wonden,
Der zuiden, noorden, en der eerſte morgen ſtonden.
Dat men verdédig en zig wréke dézen daag.
Ik Syracuſe meer als eens verraaden zaag;
Men waake ſtaadig dat niets onze weth verdóve:
Zy ons gebied dat men van eere en lyv berove,
Den geenen die in 't ſtill' met onze dwingelands
Zig onderhouden ſoud tot agterdeel des lands.
De ſtaage dógzaamhéd de omtrouwighéd moet baaren.
Men moet niet inzien nog de vrouwen nog de jaaren.
Venetien héſt geſtigt zyn opperſte gezaag,
Op het miſtrouwen, en des kwaadens onverdraag.
Men zyne wyzhéd volge en doe den ſnooden lyden.

L O R E D A N.

Voorwaar 't is ſchandelyk in deze heillooze tyden
Dat Solamir, een Moor, een Muzulmanſchen held,
Zoo ménig deel genood nog in Sicilien telt;
Dat in dit chriſten en zoo ſtryds geneigd verblyven
Zelve onder ons, hy wét zoo liſtiglyk te ſtyven
Een ſlegt bedorven volk, verkogt aan zynen loon.
Nu by de Ceſars hy zig bézigt t'onzer hoon,
Dan wétende met liſt te ſluipen in de ſtéde,
Bereidende den ſtryd, by offert ons den vrede,
En tragt het oproers vuer te ontſtéken t'allen kant.
'T gevaarelyk vrouw geſlagt, wiens flouw en zwak verſtand
Van een nog zwakker volk verwekt de eerdienſtigheden,
Die ſtaag voor niewighéd en helden bant de réden,
Gaav zyne ſtemmen voor den Moor die ons verdreigt.
Hoe menig burger en is heden niet geneigt
Ter konſten, (F) dat tot hier den Arabier doet daalen!
Te ſnoóde konſten die door hunnen ſchyn doen dwaalen:
Door onze Ridders ſtaag zoo édelyk verfoeid,

(D) De eerſte Noordmannen die in de Pouille treeden, Dro-
gon, Bacterie en Ripoſtel.

(E) Het land van Naapels.

(F) In dien tyd de Arabieren kweekten alleen de konſten
in den Weſten, ende het waaren zy die de Schóle van Salerne
ſtigteden.

Wiens hèrtè maar alleen ter zégen konfte gloeft.
Onz wit door mynen drift en d'uwen zal beklyven;
De ftrenghéd moet de weth en onze vryhéd ftyven.
Een boozwigt (G) was genoeg tot Spagniens néderlaag.
Men zaag 'er onder ons, men télt 'er t'allen daag.
Eene harde weth moet voor de trouwelooze blyken;
Voor 't welvaard van den ftaat, medógenthéd moet wyken;
Men fnéve Solamir, Tancrede zy gebant;
Tancrede, van een bloed zoo vloek'lyk aan het land,
Sal onze vryhéd nog den meerften konnen fchaaden.
Een billyk wyz befluit in onze lefte raaden,
In d'hand van Orbaffan zyn ervdeel héft gezet,
Op dat hy ftaag des ftaats gebergde vyands ptett',
Nog voor Tancredes naam geheimelyk gedrégen;
Den vrómen Orbaffan het billyk héft verkrégen,
Tot bruidfchat en tot loon.

                    C A T A N E.
                              Zulks onderfchryven wy.
Dat in Byzantiens hov, Tancrede magtig fy;
Dat zoo afgryzig hóv, eerbiedig zyne kragten;
In Syracufe niets en moet hy meer verwagten.
Zoo haeft Tancrede zig een oppermeefter kooz,
Van onz gewyd geweft hy alle het recht verlooz;
Geen wéderkeer voor hem: des Cefars flegten flaave,
En moet ter vryen ftaat genieten eenige haave.
Held Orbaffan is nu den vrómften fteun der weth.
Tancredes erv met recht is hem ter hand gezet.
Dus meene ik.

                A R G I R E.
          Ik moet hem als Schoonzooh nu aanfchouwen;
Ik myne Dogter liev, tog wille aan u vertrouwen,
Dat ik de weeze noit voor hun en hadde ontbloot.
Gy wét hoe ondanks my ik déze zaak befloot.

                L O R E D A N.
Smaad gy den raad?

                A R G I R E.
                    Neen, maar ik haat de ftrengighéden;
Nogtans ik door de weth my ftaag liet óverréden;
Myn hert zig onderwirp aan 't algemeen belang.

                O R B A S S A N.
Het is het goed der ftaat, dat het den ftaat ontfang.
Gy zaag my nimmer naar die zwakke gunfte tragten.

                A R G I R E.
Men ftaake dit gefprék; men haafte d'huwlyks pragten:
Dat morgen déze trouw den fchoonen daag breng aan,
Waar van een woeftig volk het hófd zoo los in waan,
Dien Solamir op 't lefte, een winnaar fal gedógen.
    Aan Orbaffan.

Staag tegen u gekant, hy zelve durvde pógen
Door offers van den vrede, om myne Dogters hand; (H)
Hy fchattede die trouw voor my een eere pand.
Gaa, overwinne altyd uws médeminnaars fchaaren.
Kóm, vrinden, volgen wy : de zwakhéd en de jaaren
My de eer beletten van ten ftryde u voor te gaan;
Gy hebt ze aan Orbaffan myn Schoon zoon toe geftaan.
U volgen, is wel zoet aan myne gryze daagen;
Ik fal, wat trooft voor my ftaag névens u my waagen:
In myn gewrigte nog verwarmen fal het bloed;
Myne ógen fullen fyn getuigen uwer moed,
En u verwinnaars zien eer zy zig fullen fluiten,

ORBASSAN.

Wy ftryden onder u, Mynheer; wy durven niten
Dat héden werd het heir des vyands overmand;
Ja, wy belóven aan ons de eer der overhand,
Of de eer van in den ftryd te fnéven allegaader.

TWEEDE TONEEL.
ARGIRE, ORBASSAN.

ARGIRE.

Wel! Orbaffan, ben ik ten leften uwen Vaader?
Syn d'haat-gevoelens alle uit uw gedagt verband?
Sult gy als eenen Zoon gedraagen het verftand ?
Móge ik geruft fyn ?

ORBASSAN.

       Ja : en vreez voor geen mifnoegen.
Ik minn' den ftaat, Argire, hy gaat ons hervervoegen;
De réden ons verzaamt, dit huwelyk ons hegt;
Maar noit en was den band, die ons verbind, gevlegt,
Indien in onzen twift, voor eewig nu verftéken,
Myn herté die u lievt, zig hadde willen wréken.
De minn' kont deelig fyn in mynen niewen band;
Tog hy het werk niet is van eenen haaften brand
Ontvonkt op eene wyl, verdóvt ter zelve ftonden,
Door koelhéd opgevolgt, en vaak door haat verflonden.
Dit hért, door 't vaaderland gewekt tot 's vyands fchaar,
Wét niet te zugten in het midden van 't gevaar.
Myn egt voor ógmerk héft de eer van u te behaagen,
Onz niew gemaakt verbond die beide ons moet befchraagen,
Den luifter van den ftaat, uw voordeel en het myn.
De minn' kont weinig groots by zulke voorwerps fyn.
Zy kont dat édel egt voor eewig vafte te zetten ;
Maar in dés krygs gedreun men moet die ftemm' niet letten.

(H) Het was als dan zeer gemeene van Chriftene met Muzulmannen te trouwen, Abdalife, zoon van Mufa, verwinnaar
van Spagnien trouwde met de Dogter van den Koning Rodrigues;
dit voorbéld wird gevolgt in alle de ftréken waar de Arabieren
hunne zegenpraalende waapens droegen.

ARGIRE.

Ik eere een Krygsman die zoo édele herte draagt.
Men lievt de oprechtighéd, maar ftrenghéd ftaag mishaagt.
Ik hópe dat in u, Mynheer, eer korte tyden,
Amenaïde fal dien bitzen moéd vermyden.
'T is weinig held te fyn : een zédig ftill gemoed,
Bekroont de deugden en behoort aan edel bloed.
Aan myne Dogter van haare eerfte kinder jaaren,
In onzen naaren tyd van twift en wédervaaren,
Door haare Moeder in Byzantien opgebragt,
Een zoo geftreng onthaal foud konnen fyn verdagt.
Die bitze trotzighéd haar zéker foud belaaden.
Vergév een ouderling, een Vaader deze raaden.

ORBASSAN.

Vergév gy zelv, Mynheer, dien rauwen aart aan my.
Gevoed in 't veld, ik hiel altyd van meer weirdy
Eene onbefchofte deugd der republyke zéden,
Als all' dien valfchen fchyn, als all' die heuzighéden,
Als all' die vleyery, als 't hovs-begaavd gedagt.
Maar 'k wét te eerbieden en den ftaat en het geflagt,
Van 't agtbaar voorwerp uit uw édel bloed gerézen.
Ik will' door zorgen my haar aangenaam doen wézen;
In haar ik doe u hulde en ik my zelv vereer.

ARGIRE.

Op myn gebod by ons zy naadert hier, Mynheer.

DERDE TOONEEL.

ARGIRE, ORBASSAN, AMENAIDE.

ARGIRE.

Het welvaart van den ftaat, de burgeren te zaamen,
Den hemel, en ik zelve, u eenen Ega naamen;
Aan hunn' gemeen bevél gy niet mógt tégen gaan.
Den braaven Ridder, dat gy névens my ziet ftaan,
Héft uwe trouw van daag door mynen mond ontfangen,
Gy zynen roem kent, zýn geflagte en ftaats belangen;
In Syracufe groot, hy leid het heir te veld,
De rechten van Tancrede alle in zyne hand geftelt....

AMENAIDE *Bezyden.*

Hoe ! van Tancrede !

ARGIRE.

      Ik moet hun als den Pryz bezeffen,
Die van zoo glanfryk egt kont meerft den roem verheffen.

ORBASSAN.

Zy my genoeg vereert, Mynheer; en haare wang
Maäkt liever aan myn hert de gunft die ik ontfang.
Konde ik, verdienende uwe en haare keuz, ten leften,
Hier van het welvaart van ons alle d'hópe veften !

AMENAIDE.

Ik wéte, Vader, dat in allen tyd uw hert
Betragt héft mýn gelük, en voelde myne fmert,

Voor my, gy eenen held befchikt om my te trouwen;
En als dien langen twift, die u zoo déde rouwen,
Dank aan u wyz beleid, ten leften is gevelt,
Der band die u hervoegt, ik ben tot pand geftelt!
Ik zie wat u tot die vereening héft bewógen.
Mynheere, fal aan myn verwondert hert gedógen,
Die van zyn kindshéd niet dan druks van 't lot ontfing,
En zelvs bevangen nu door die verandering,
Aan zynen Vaader dat het zig een ftond vertrouwe.

ORBASSAN.

Gy moet het zelvs: en verr' van tegenftaan, Mevrouwe,
Aan dat gevoelen zoo volweirdig mynder agt,
Verr' van te dwerzen een zoo wettelyk gedagt,
Ik vreezde het recht dat ik nu hebbe op u, te fchenden.
Ik liet, en ik hervlieg ten hófde aan de oorlógs benden;
Die trouwe is weinig, men zig moet door zégenpraal
Haar weirdig maaken; en ik lópe, en ik behaal
Eer haaft de lauwers die gaan cieren Hymens vaanen.

VIERDE TOONEEL.
ARGIRE, AMENAIDE.

ARGIRE.

Gy fchynt verfteld; het fchynt dat uw gezigt door traanen
En fchriks verduifterd, zig verkeere en voor my wyk;
Dat uw verftikt gezugt aan my doet ongelyk.
Den mond gehoorzaamt flegt als 't hert durvt tégenftréven.

AMENAIDE.

Ik hadde noit verwagt, Mynheer, van in myn léven,
Naar zoo véle onheils, naar zoo langen twift en hoon,
U Orbaffan te zien verkiezen eens tot Zoon;
Dat myne bevende hand u beide hadd' moeten binden,
Dat 'k in uw vyand, hadde een minnaar moeten vinden!
Ik noit vergéten fal, dat u den burgerftryd
Róvde aan uwe heirdftéde, een verblyv tot uw bevryd;
Dat Moeder, ondanks haar, ontvlood uit déze wanden,
En eene fchuilplaatz zogt, beangft, aan vremde ftranden;
Dat aan myns Vaaders borft, benévens haar, ontrukt,
En in Byzantien door haar droevig lot verdrukt,
Ik deelde de onheils dat zy moefte daar verdraagen.
Van myne wiege, helaas! ik hebb' gekeut de plaagen.
Van Moeder, dwaalende en verlaatene, ik leerde af
Te dulden 't balingfchap en des verbannen ftraff',
Te lyden van een hóv, zoo trotz, het ftreng onthaalen
En valfch medógen, nog véle erger als onz dwaalen.
In eenen ftaat onteerd, tog édelyk gevoed,
Van Moeder haaft ontbloot, door wreedften tégenfpoed,
Ik flouw en bevend riet, my vond alleen op aarde;
Niet eenen menfch tot my eene hulpfaame hand vernaarde,
Uw lot verkeerde; het volk in ftryds-angftvallighéd,
Herftelde u in uwe erve, en uwe weirdigheid,

Vertrouwde het noodlot van de waapens in uwe handen,
En zyne winnaars joeg uit déze heillooze wanden.
Ik my herrópen zaag ter vaaderlykken schoot.
Door onheil ongehoord, ik was'er uit gestoot.
Misschien ik wéderkeere om niewe druks te aanschouwen;
Gy wilt my dwingen tot dat ongelukkig trouwen;
Ik kenne d'hópe en het belangen dat gy let.
Aan uwe vyands 'k zaag tot offer my gezet;
En ik ben de uwe op 't lest... Den daag die my doet béven,
Misschien nog wéfen fal den ergsten van myn léven.

ARGIRE.

Hy zal gelukkig zyn, gy het gelóven moet.
Ik minne u myne telg, 'k minn' de eere van uw bloéd.
Ik wréken moet den fmaad dat Solamir ons déde,
Doen hy tot pryz stelde aan zyne offers van den vréde,
Dat ik tot schoon zoon hadde hem willen nemen aan.
Ik géve u eenen held die tégen hem fal gaan,
Den grootsten oorlógfman, bereid ter stryd te trekken,
Die my te voor beneed, en nu ten steun gaat strekken.

AMENAIDE.

Wat steun! gy pryzt dan, Heere, eene ydele hand vol goud?
Was hy min ryk, aan my hy meer behaagen foud.
Ik woud dat eenen held zoo trotz, zoo hóg te lóven,
Noit foude om groot te fyn d'onnoozelen beróven.

ARGIRE.

'T is waar, den strengen raad voorzigtig héft betragt
Te straffen in Tancrede, een vremd en trotz geslagt,
Die hier misbruikt héft, al te lang, van zyn vermogen,
En is te zeer gehaat.

AMENAIDE.

                    Mynheer, ik ben bedrógen,
Of wel Tancrede is nog bemind in déze stéd.

ARGIRE.

Wy alle recht doen aan zyne helde dapperhéd.
Hy héft ganfch Hlirien verovert, naar de maare.
Maar, meer hy héft gedient des Cefars adelaare,
Min hy mógt hópen van t'herzien zyn vaaderland.
Hy, door een vonnis is voor eewig hier gebant.

AMENAIDE.

Voor eewig? hy, Tancrede!

ARGIRE.

                    Hy moet uit deze stréken.
Zoo het geval u in Byzantien hem liet fpreken,
Gy wét dat hy ons haat.

AMENAIDE.

                    Noit zag ik zulken fchyn.
En Moeder zeide dat hy hadde konnen fyn
Den steun van Syracufe en winnaar van de Mooren.
En doen 't ondankbaar rot der burgers, durvde fchooren
Den trotzen Orbaffan, gehitzt tot uw verderv,
                              U overviel,

U óverviel, en u ontróvde hier alle uwe erv,
Dan had Tancrede zig gewaagt voor u ten ſtryde.
Ik wét niet voorders.

ARGIRE.

'T is te véle, Amenaïde,
Van eenen Vaader volg den raad, wille uw verſtand
Tog ſchikken naar den tyd, en voegen naar het land.
Tancrede, Solamir, Byzantiens groot vermógen,
Syn alle nu tot hoon en afſchrik aan onze ógen.
Uw welvaart af hangt van uwe herts-goedwillighéd.
Ik hebbe voor den ſtaat my t'ſeſtig jaar beſtéd;
Die 'k diende onbillyk, kont ondaukbaar my behaagen;
Dus moet ik denken tot myns lévens leſte daagen;
Ném myn gevoelen: voor ik eindig mynen tyd,
Vertrooſt myn ouderdom waar af gy d'hópe ſyt.
Ik ben ter leſten ſtond van een ontſtuimig léven;
Het uwe moet zig aan de wethten óvergéven.
Zoo gy gelukkig lévt, ik ſterve zonder druk.

AMENAIDE.

Ah! Heere, my gelóv, ſprék minder van geluk.
Des Keizers hóv en kont myne herte niet dóen doelen,
Ik hebbe u toegewyd myn léven, myn gevoelen;
Maar eer dat gy van diez beſchikt, vertoev nog wat;
Want gy van Orbaſſan 't gezaag te véle ſchat,
Sal eeuwig deuren dat gezaag te zeer geprézen?
Het kont vervallen, het verandert all', 't kont wéſen
Dat hy zig zeid te vroeg myn Meeſter, uwen Zoon.

ARGIRE.

Hoe dan! wat zegt gy my?

AMENAIDE.

Myn open hert verſchoon,
Zoo het u ſtoorde, of konde het minſt verongelyken.
'K wét myn geſlagte, meer geſtréld in d'óvſche wyken,
In uwen vryen ſtaat is minder aangelet,
Byzantien dient het: hier de ſtrenge en wreede weth
Vereiſcht gehoorzaamhéd, en wilt de morring bannen.
Te lang hier winnaars die onmenſchte Muzulmannen
Verhardeden de weth en zéden eerſt geſtigt.
Maar wie verminken konde uw vaaderlyk gewrigt?

ARGIRE.

Gy eenig, gy myn kind, door uwe tégen-réden;
Door alles wat ik hoore, ik voele my beſtréden:
Ik ſtaa u uitſtel toe, maar geenen wéderſtand.
Niets meer verbréken kont dien wethtelykken band.
'T woord is gegéven, het waer ſchelmig het te ſtooren,
Gy zeide wel dat ik tot onheil ben gebooren;
Niet eenen uitval oit bekroont en héft myne hòp,
Ik niet dan ſtormen zaag door heel myn levens lóp.
Almagtig God! ontrukk' myne ógen aan die ſchrikken;

En dat Amenaïde, al dézen band verftrikken,
Geniete een léven, meer gelukkig als het myn!

VYVDE TOONEEL.

AMENAIDE, alleene.

Myn minnaar! ah Tancrede! ik zoo lafhertig fyn?
Dat om uw vyand ik myne eeden foude laaten!
Vél meerder wreed als hy, ontrouwig buiten maaten,
Verdeelende uwen buit met uw geweldenaar,
Ik foude konnen....

SESDE TOONEEL,

AMENAIDE, FANY.

AMENAIDE.

                  Kom, ô Fany, tréd my naar.
Zie de gevloekte fchigt die my de dood fal géven:
Argire wilt m'in egt met Orbaffan doen léven.

FANY.

Ik voele hoe véle dat dit orden u verfmagt;
'K zaag dit gevoelen en ik kenn'er af de kragt.
Het lot en hadd' geen zoet, 't hóv geene aanloklykheden
Die konden ftyven of verkeeren uwe fchréden;
Van alzoo haaft uw hert den wég héft ingegaan,
Het gaav zig óver en het nimmer af fal ftaan.
Tancrède en Solamir door u bekoord, mevrouwe,
In zugt in 's Keizers hov, volwenfchten uwe trouwe.
Maar dien, dat gy met recht verfchillig hebt belonkt,
Die 't lieve voorwerp wird die héft uw hert ontvonkt,
Sal 't eewig blyven; mits zelve in byzantiens meuren
Ik u tot minnaar hem, voor Solamir zaag keuren,
Het werd ók vrugtelooz wat Orbaffan hier póg.
Uw hert is al te vaft.

AMENAIDE.

                  Ah! gy u niet bedróg.
Men róvt Tancrede, men hem bant, en durvt benyden;
Het is des heldens lot dat zy vervolging lyden;
Het myne is, dat om diez hy meerder my behaagt.
Hoor: wét dat in de ftéd Tancrede is nog beklaagt.
Hy liev is aan het volk.

FANY.

                  Geband van de eerfte jaaren,
Zyns Vaaders vrinden, al t'hógmoedig, die nog waaren,
Verlieten aan zyn lot, belaas! den zoon eer kort.
Aan weinige, als aan u, de afwézenthéd niet fchort.
De groote aan hun belang zig eenig toebeftéden;
'T volk meer gevoelen héft.

AMENAIDE.

                  En ók meer billykhéden.

FANY.

Maar het is dienftbaar: men kent onze vrinden niet:
Vopr d'éd'len balling men niet eenen wréker ziet.
Een dwingelandfchen raad beheerfcht in deze ftede.

AMENAIDE.

Ja : hy kont alles in het afzyn van Tancrede.

FANY.

Ik hópte nog zoo hy verfcheen in deze ftrék,
Maar hy te verre is af.

AMENAIDE.

ó hemel! ik u fmék!

(aan Fany).

Tancrede en is niet verre, ik durv het u vertrouwen;
En als men denkt om hem nog voorder weg te ftouwen,
En als de dwinglandy ten hógften is geftigt,
Dat hy verfchyne, en dat elk beve aan zyn gezigt,
Tancrede is te meffine.

FANY.

ó opperfte vermógen!

En dit onweirdig egt verftrikt werd voor zyne ógen?

AMENAIDE.

Neen : het en werd het niet, neen Fany : ik miffchien
Sal met myne haaters meer maar eenen meefter zien.
Kóm, ik u alles leer : maar men moet alles waagen,
Het jok, te fchandig, moet myne hand ter ftukken flaagen,
Tancredes naam alleen némt myne zwakhéd af;
Verraaden hem is fchelmfch : gehoorzaam fyn is laf.
Indien hy komt, het werd gewis om my t'hervinden;
My, dat men fpyts myn hert, met Orbaffan wilt binden.
Heilloozen offer, zoo onweirdiglyk beftéd!
Ik, ftellen myne pligt in de ongetrouwighéd?
Neen, minne in myn geflagt doet dapperhéd vermeeren,
Ik moet verhaaften zyn gelukkig wederkeeren.
En zoo de vreeze van gevaar myn hert bezwaart,
'T gevaar is aan my liev; het is dóor minn' gebaart.

TWEEDE BEDRYV.

EERSTE TOONEEL.

AMENAIDE, alleene.

Aar tréde ik hénen? en wat kont my dus doen béven?
my wroeging! hoe, aan my! het fchelmftuk moet ze géven.
Myn wit is billyk... God!... behelpt tog myn beftaan!
Kóm ik verzèk're my

Aan Fany toekómende

Is alles wel vergaan?

FANY.

Den flaav is voort, hy héft belóvt den Briev te draagen.

AMENAIDE.

Hy meefter is van het geheim van myne daagen.
Ik zynen drift kenne, hy ftaag diende mynen wenfch:

Men dikwils alles moet aan den geringſten menſch,
Gebooren Muzulman in Syracuſes paalen,
En onderrigt in beid de wethten en de taalen,
Hy kent de doorgangs rond het heir der Sarrazyn;
Des Etnas wégen geene aan hem onkundig ſyn.
'T is hy die in myn hert herſtyven ſal den vréde,
'T is hy die in 't geheim ontdekt héft, dat Tancrede
Herzaag Sicilien : bevreezd dat zyn gezigt
Beſchaadigt hadde, hy keerde, en dagt zig maar verpligt
Van my daar af berigt te doen. Door zyne zorgen,
Den Moor draagt mynen Briev vroeg in Meſſine morgen.
Men by den Moor en Griek een eendragt onderſcheid,
In dézen langen ſtryd, zoo nuttig aan hun beid.
Zoo zeer natuere voegt rampſpoedige te zaamen.

F A N Y.

Dien ſtap is vol gevaar : maar op Tancredes naamen,
Dien naam dat ider vreezt, aan wie dat ider wykt,
Voor wie den haat hier van alle onze wreedaards blykt,
Dien ſchoonen naam, door minne in uw jong hert geſtéven,
Is in den Briev niet, aan Tancrede toegeſchréven.
En ſchoon hy ſtaadiglyk in uwe zinnen bleev,
Voor 't minſt gy wiſte hem wel te ſwygen als gy ſchreev.
Dien Briev vergévs waar door den Sarrazyn gelézen;
Hy vrugtelooz door hem ſoude opgehouden wéſen.
Op 't leſt, noit minne héft zig voorzigtiger beſtéd;
Nog zig bewimpelde oit met meer verborgenthéd,
Nog zonder reukloozhéd zoo ſtout zig durvde waagen.
Nogtans door eenen ſchrik ik my het hert voel jaagen.

A M E N A I D E.

Den hémel tot nog toe my ſtaag genégen ſcheen;
Hy wéderbrengt Tancrede, en wilt gy dat ik ween' ?

F A N Y.

Dat zyne goedhéd u in and're plaatz verzaame!
Den haat en het belang benyden zynen naame.
Zyne aanhangs zwygen : wie hem werd tot onderſtand?

A M E N A I D E.

Zyn roem : dat hy zig toone en hy krygt de óverhand.
Een held dat men vervolgt, alle herten kont bewégen.
Dat hy verſchyne, hy zig hun alle vind genégen.

F A N Y.

Zyn médeminnaar vreez.

A M E N A I D E.

　　　　　　　　Ah! winn' dien laffen ſchrik,
Nog wekke hem niet in my.... ter leſten ógenblik,
Gy wét dat moeder ons vervoegde de eene aan d'and'ren;
Tancrede blyvt aan my : noit weth en kont verand'ren
Nog onz gevoelen, nog onze hertens teere lüſt.
Tog wy beklaagden nog die jammerlykke kuſt
Ter boezem van den roem, en van des Ceſars zéden,
Naar dit te liev geweſt, dat ik vervloeke op héden,

Wy eene greetige òg nog keerden wel bedroevd,
'K was verr' van denken dat het lot, die my beproevt,
My ging ter trouwe eens van Tancredes vyand prangen,
Dat ik tot bruidfchat, foud de fnoode gifte ontfangen
Van 't goed, aan mynen held ontrukt door róvery,
Van die onbillykhéd, dat hy verwittigd fy;
Dat hy dien ròv van my, en myne ftraffe leere;
Dat tot zyns rechts befcherm, hy fpoedig wéderkeere.
Ik doe wat dat ik moet, tot wréken eenen held.
Hadde ik gekont, ik hadd' nog meerder aangeftelt.
Ik minne, ik vreeze, ik eere eens vaaders gryze daagen:
Maar ik 't oproerig volk gewaapend woude jaagen
Tot Orbaffan, die hier zoo ftout zig meefter ftelt.
Neen, zyn beleid en is niet weirdig van een held;
Baatzugtig, trotz en wreed, hy durvt om luifter tragten,
En zig van een vry volk den voorenftaander agten;
Hy mynen hoon gebied, en vaader teekent hem!
Ik moet hem lyden, en my voegen naar de ftemm'
Der meefter, die te zeer verheft zyne heerfchappye!
In Syracufe, helaas! men haat de dwinglandye,
Maar de alderfnoodfte, en die de minfte ftraff' geniet,
Is déze, die te zaam den haat en minn' gebied,
die tot verand'ring ons in eenen daag durvt prangen.
'T lot is geworpen.

F A N Y.

         Gy met vreeze fcheen bevangen.

A M E N A I D E.

Ik vreez niet meer.

F A N Y.

         Men zegt, dat tegen uwen held
Een fchrikkelyk vonnis is op heden nog gevelt,
Het gaat om 't leven dan wie durvt het óvertreden.

A M E N A I D E.

Ik wéte het, en het joeg den fchrik in myne léden;
Maar minne is zwak, doen zy door vreeze word gejaagt.
Ik minne, gy het wét, een held ganfch onverzaagd,
Ik moet het zyn als hy.

F A N Y.

         Maar zoude een ftrenglyk orden,
Naar alles, tegen u geluiftert konnen worden?
Het fchynt tot fchrik des volks alleenelyk geftigt

A M E N A I D E.

Het dreigt Tancrede: het is tot fchrik aan myn gezigt.
Wat is dien yverzugt volweirdig onzer raaders!
Het was aldus niet dat die édele voorvaaders,
Die braave Franfchen, die verwinnaars zoo vermaard,
Italien dempten, daar elkeen lievde hunnen aard.
Hunn open hert behaagde, en hunn geweir vervaarde,
Tot hunne zielen nooit geen argwaan en vernaarde.
Die groote Ridders, dus door de eer vervoegd aan een,

En droegen hunne magt ter vyand maar alleen.
Het volk, die zig door hunn vermógen liet bekooren,
De Grieken onderbragt, veróverde de Mooren,
En ftreed voor hunnen roem, en zynen vryen ftaat.
Van daag ik niet en zie dan een verfchrikten raad,
Die vreezt zig zelv, en door het volk op 't felft vertreéden:
Ik wét niet of myn hert te vierig is beftréden,
Te vél' vooroordeel my miffchien te zeer bevlyt;
Maar alles wat niet is Tancrede, is my tot fpyt.
Ik vinde in het gedrang der menfchen geen behaagen;
Tancredes naam alleen kont mynen fchrik verjaagen;
Wie zynen vyand is, is het nog meer van my.

TWEEDE TOONEEL.

*ARGIRE, de RIDDERS in den grond van het
tooneel.*

AMENAIDE, FANY, aan het voorfte.

A R G I R E, *aan Amenaïde.*

Ververre u, gaa, vertrekk'.

A M E N A I D E.

> Wat hoore ik ! Vaader ! gy ! ...

A R G I R E.

Gy fyt myn Kint niet meer, ontrukke u aan myne ógen;
Schaam u, en bév voor uw geheim en woedig pogen.
Gy myne dood verraft, wantrouwige als gy fyt;
Gaa, my eene andere hand geleid ter leften tyd.

A M E N A I D E.

Waar ben ik ? magtig God ! wat blixems my verflinden !
Behelp my !   *Fany geleid haar binnen.*

DERDE TOONEEL.

A R G I R E, D E R I D D E R S.

A R G I R E.

> Ridders, 't is aan u van te onderwinden,
Wat dat'er dient te doen naar 't mifdaad, die u blykt,
Ik voel hoe het den ftaat, en u verongelykt;
'K moet alles aan de weth, maar alles aan natuere.
Gy fult niet eiffchen dat den vaader ter déze uere
Om 't vonnis van zyn kind, ter rechterbank vérfchyn;
Amenaïde, helaas ! niet pligtlooz en kont fyn:
Maar haare dood en t'zaam myne oneere onderfchryven,
Gy duld het niet, gy laat die wreedhéd niet bedryven;
Natuure fchrikt 'er af, en ik en konne het niet.

L O R E D A N.

Mynheer, wy weenen alle uw billyklyk verdriet;
Wy voelen uwe wonde en vreezen haar te zeuren,
Gy zelv laaz 't pligtig fchrift, het welke uit deze meuren,
Tot 't veld van Solamir, den flaav droeg naar zyn laft.
By dat veld zelve den verraader wird verraft;

Tot vryden zig van straffe, hy héft zig 't hert doorftéken,
Zyn haat'lyk opzet en héft maar te klaar gebléken:
Den ftaat verlooren was. Onze eeden, onze pligt
Van ons niet lyden een te zeer onnut omzigt.
Geen vaaderlyk getraan kont onze weth bekooren;
Den ftaat fprékt, het genoegt.

A R G I R E.

      Ik moet niet voorders hooren.
Ik wéte wat men voor die pligtige befloot.
Maar zy was myne telg, daar is haar egt genood:
Ik wyke aan fmert, befchikk' van myne daagen;
Eer zy te fterven, is al wat my blyvt te vraagen.

VIERDE TOONEEL.

D E R I D D E R S.

C A T A N E.

Om haar te vatten reeds het orden is voluit.
Gewis 't is fchrikkelyk van zoo eene éd'le fpruit,
De aanlokklykhéd, de jeugd ter teerderfte ógenblikken,
D'hóp' van twee huizen, en het fchoonfte lots befchikken,
Met zoo véle oneer in het graav te zien geplet.
Zulke is in onzén ftaat nogtans des hymens weth,
Die van den Godfdienft zoo lafhertiglyk verftéken,
En die van 't vaaderland die wy nu moeten wréken.
De ontrouwige beroept den vremd'ling in de ftad;
Sicilien, Grieken, ók burg'rinnen héft gehad,
Die men den roem, den naam van Chriftene, en de wethten,
Zaag voor het bitzig rot der Muzulmans verzetten,
Die winnaars óver al, ftaag tegen ons gekant.
Maar eenen Ridders telg, eerbiedigd in het land,
 aan Orbaffan
Als zy wird de uwe, en ging bezweiren d'huw'lyks pligten,
Een zoo lafhertig, een zoo wreed befluit verrigten!
Dit niewe fchelmftuk, die befmet geheel de ftéd,
Een eeuwig voorbéld vraagt van onze billykhéd,

L O R E D A N.

Ik fchrikk': tog baare dood naar recht moet fyn beflooten;
De groothéd haarder ftaamm', maar kont haar kwaad vergroo-
Men kent de eerzugtige hóp' die Solamir doorgloed, (ten.
Men kent zyn ftout bewerp, de minne dat hy voed,
Die fnoode gaave van behaagen en bedriegen,
Van heerfchen op den geeft en de óge in flaap te wiegen,
Aan hem is toegeftiert het ongelukkig Schrift,
Gebied in dézen ftaat. Die woorden vol vergivt,
Ons eenen aanflaag wel klaarblyk'lyk ópenbaaren.
voor de eer van Orbaffan, ik laat het óvrig vaaren,
Het foude ons fchaamen. Maar nu, welken Ridder fal
Geweirdigen, naar 't oud gebruik, in dít geval
Van voor die pligtige fig dapper te vertoonen?

Wie met gevaar zyus roems fal willen haar verfchoonen?

CATANE.

Wy, Orbaffan, den hoon gevoelen dat gy lyd,
Wy gaan hem flyten in het midden van den ftryd.
De fchuld het egt brékt, wille u van de ontrouwe keeren;
En haare ftraffe u wrékt, maar kont u niet onteeren.

ORBASSAN.

Voor 't minft zy my ontroert.. Men kómt... 't is zy...
Haar tot den kerker voor de pligtige bereid.   (men leid
Wat is die fchande zwaar en gruw'lyk aan myne ógen.
Laat my met haar alleen.

VYVDE TOONEEL.

*DE RIDDERS aan het voorfte, AMENAIDE in
den grond van het Tooneel omringd met Wagten.*

AMENAIDE; *in den grond.*

Ô Opperfte vermógen!
Verlaat my niet ô God ter fchrikkelykken ftond!
Gy kent het voorwerp daar myne herte af is gewond,
Gy kent dit herte, héft het zoo véle kwaads bettéken?

CATANE.

En gy nog wilt, Mynheer dat pligtig voorwerp fpréken?

ORBASSAN.

Jaa, ik het wille.

CATANE.

Eh wel, fprék haar: maar denk, Mynheer,
Dat zy beleedigt héft de weth, d'altaar en de eer.
Spyts zig, nu Syracufe eene offer wilt ontfangen.

ORBASSAN.

Ik wéte het, en in haar ik ném gelyk belangen.
Ververre u wagten.

SESDE TOONEEL.

AMENAIDE, ORBASSAN.

AMENAIDE.

Ah! wat durvt gy nog beftaan?
Kómt gy ter leften ftond befchimpen myn getraan?

ORBASSAN.

Zoo zwakken luft noit myn trotz herte konde ftooren.
Ik gaav aan u myne hand, ik hadde u uitverkooren;
Miffchien de minne zelv die keuze voorenfchreev.
Ik wét niet of myn hert nog diéz gedaagtig bleev,
Dan of het wroegde dat het kende minnes wethien;
Maar het niet dulden kont wat dat zyne eer foud fmetten.
Ik will' niet denken dat gy Orbeffan verraad,
Voor eenen vremden held verbitterd op den ftaat,
Voor een der dwinglands dat den Godsdienft ftaag verzaakte.
Neen, van zoo gruw'lyk ftuk gy u noit pligtig maakte;
Voor de eere van den ftaat, voor u, en meerft voor my,

Ik fluite de ógen, nog begeir niet dat zulks fy.
Heel Syracufe in my ziet uw gemaal van daage,
Dien naam genoegt my, ik in u my hulde draage;
Myn roem beleedigt is, en ik hem wrék naar recht.
De Ridderlykke weth gebied het twee-gevegt,
En onze dapperhéd doet 's Hémels oordeel vellen;
Het zweird beflegt en kont de onnoozelhéd herftellen.
Ik ben bereid.

A M E N A I D E.

Gy?

O R B A S S A N.

　　　　　Ja: en ik my vlei met recht,
Dat naar dat onderwind, en dat naar dat gevegt,
(Welk allen krygsheld voor myne eere fal my verfchoonen)
Een hert aan my beftemd, zig fal my weirdig toonen.
Ik onderzoeke niet, of uwe ziel mifleid,
of door myns vyands, of door eens verleiders feit,
Een ftond verblind, een ftond van dwaaling liet befpieden,
Nog of uit afkeer gy woud myne trouwe vlieden.
Op zielen wel getélt, het weldaad alles kont;
Een heilzaam naarberouw de deugd verfterkt, en grond.
Ik, tégen wie het fy, onze eere fal verweiren.
Maar het is niet genoeg : ik recht hebb' van begeiren,
('T fy trotzhéd, het fy minn') een herts gevoel min wreed;
De weth vereifcht hier een zeer plegtelykken eed,
Ik eiffche ók een van u; tog geenen als kont wekken
De vreeze, of het bedwang aan zwakhéd doet voltrekken,
Dat tot zyns eigens leed men doorbrengt aan d'altaar.
Myne hóge oprechtighéd wilt geen geveinzd gebaar.
Myn hert zig ópent, fprék. Myn erm wenfcht zig te waagen;
Ik fterven konn' voor u, maar ik moet u bebaagen.

A M E N A I D E.

Ter gruwelykken poel waar ik ben ingeftoot,
Met afschrik nauwelyks ontkómen van de dood,
Die éd'le póging, dat ik noit en moeft verwagten,
Den leften flaag toebrengt aan myne ontróvde kragten;
En dompelt my in 't graav die reeds geópend is...
Mynheere, gy bedwingt my tot herkentenis;
Ter voet der graavftéd waar dat men my in gaat fluiten,
Myn leften drift is van voor u myne agting te uiten.
Kenn' my : en wét dat u myn herte laakt en fmaad;
Maar noit hebbe ik myne eer verraaden, nog den ftaat,
Nog ik verraade u niet; noit zeide ik u te trouwen.
Gewis gy myne ziel als pligtig moet befchouwen,
Kenne haar ondankbaar, maar haar niet wantrouwig wyz,
Ik u niet minnen móg', nog móge tot dien pryz
Gedógen een gevegt, het welke ik moet beletten.
Ik kenn' de ftrengighéd van uwe dolle wethten,
Die mynder dwinglands, en de dood voor my befchikt.
Ik my niet roeme van te konnen onverfchrikt

C

Van myne dood, helaas! het vonnis hooren lézen.
'K beklaage het léven, die aan my zoo liev moeſt wéſen;
Ik ween' myn noodelot, ik ween' myn Vaader, maar
Spyts myne zwakhéd, ſpyts den ſchrik en het gevaar,
Ik niet bedriegen konn', gy moet van my niet wagten.
Naar ſulken ſmaad, gewis gy zult my pligtig agten,
Maar, my gelóv, dit hert zig meerder pligtig vond,
Indien tot uwe minne het zig vergéten kond.
Ik will' (vergév indien ik ſpréke zonder myden)
U, nog voor Ridder, nog voor egtgemaal gelyden.
Straff' myne oprechtighéd en vrék vry uwe ſchand.

ORBASSAN.

Ik eenig wréken will', Mevrouwe, het vaaderland,
En uwen trotzen ſmaad veragten en vergéten.
Ik hadde als Ridder my tot uw behoud gekweten;
Maar wégens mynen roem en u, nu zonder ſchuld,
'K ben maar een rechter meer die zyne pligt vervult.
Onvoelig als de weth, alleen aan haar gebógen,
Ik nog getraan, nog ſpyt, nog haat en moet beógen.
Niet onderzoekende een geheim, dat ik niet lett',
Aan uwe ſmaaden, ik myn afkeer tegenzett';
Ik wille u, zonder toorn, aan uwe blindhéd laaten,
En gaan tot Solamir, en wréken déze ſtaaten.

ZEVENSTE TOONEEL.

AMENAIDE, aan het voorſte, WAGTEN, in den
grond van het Tooneel.

Ik moet, helaas! ik moet dan ſterven eerelooz!
En men durvt waanen dat ik Solamir verkooz'!
Ó gy, der menſchen, wie ik eenig konne lyden,
Gy, voorwerp dat ik minne, en zie zoo zeer benyden,
Ik ſterve als pligtige, en ik ben het, ja om u,
Ik wille en moet het ſyn.... waar toe die ſchande nu,
Die toeſtels, déze beuls, en blyve ik nog in léven!
Afgryzelykke dood, wiens naame my doet béven.
Neen, ſterven voor Tancrede en ſtrekt my niet tot ſmaad.
Men kont my dooden, maar niet ſtraffen zonder kwaad.
Ik! mynen vaader en myn vaaderland verraaden!
Ik diende hun beide, en zy my beide in eer beſchaaden.
Ah! in den ſtond van ſchrik, voor my alleene werd
En myns getuiging, en de ſtemme van myn hert.

Aan Fany toekomende

Wat ſtonden voor Tancrede.... Ah! Fany! men gedógde
Dat ter déze uere ik nog uw liev gelaat beógde?

FANY, *haar de hand kuſſende.*

Konde ik, helaas! ter plaatz bezwyken nog eer gy!

AMENAIDE.

Ah! ik die ſchrikdiers zie vernaaderen tot my....
Wille aan den held voor wie ik eindig myne daagen,
Eens mynen leſten wille, en mynen welvaar draagen.

Miſſchien hy wréken ſal zyns trouwe Vryſter leed.
Op 't leſte, ik ſterv' voor hem, de dood is minder wreed.

DERDE BEDRYV.

EERSTE TOONEEL.

*TANCREDE, gevolgd van twee Schildknaapen, die zyne
lancie, ſchild &c. draagen,*
ALDAMON.

TANCREDE.

Oe liev is 't vaaderland aan herten wel gebooren!
Hoe konde my 't gezigt van dit verblyv bekooren!...
ò vromen Aldamon, myns vaaders weirden vriend,
Gy zyt het, door wiens drift ik my hier wéder vind!
ò heil! ò daag! wiens trooſt gaat alle goed te boven!
Myn lot verandert is. 'K moet uwen dienſt meer lóven
Dan ik u zeggen durve, en als gy zelve vat.

ALDAMON.

Gy zoo geringen dienſt, Mynheer, te diere ſchat.
Het is te zeer een lot zulk als het myn verheffen,
Die maar een krygſman, maar een burger doet bezeffen...

TANCREDE.

De burgers broeders zyn, ik ben ók burger vrind.

ALDAMON.

Twee jaar in 't ooſten ik ſtreed onder u bewind.
'K zaag uwer vaad'ren roem door uwen moed verduiſterd,
'K verwonderde van naar de deugd die u beluiſtert,
Dit 's myne weirde alleen. Door meeſters opgevoed,
Gebooren in uw huis, ik ſtaag u dienen moet.
Ik moet....

TANCREDE.

Gy moet my maar als uwen vrind omermen.
... Daar ſyn de wands dan dat ik wenſchte te beſchermen!
Voor het gevoeligſt hert, die meuren zoo gewyd,
Waar ik gebaard wird, en gebannen ben ter tyd.
Maar zegg' my in wat plaatz dat ſchuilt Amenaïde?

ALDAMON.

In dat aloud paleys aan haaren vaaders zyde.
Die plaatze daar geleid; wat voorder men beſpied
Dien hógen rechterſtoel, waar men vergaadert ziet
Die braave Ridders, ja dien raad, wiens vreezlooz oordeel
De wethten ſtigt aan 't volk, en ſtryd tot zynder voordeel;
En die den Muzulman hadd' ſtaadig overmant,
Hadde hy zig niet beróvt van uwen onderſtand.
Zie bunne ſchilden, zie die cyfers, zie die ſchriften,
Waar door de krygsbazuin gaat rond de weirelt ziften
Den roem van hunn' bedryv, en édelyk begaan.
By déze naamen nog den uwen moeſte ſtaan.

TANCREDE.

Mits dat men hem vervolgt, dien naam fy nog verftéken.
Hy is miffchien genoeg beroemd in and're ftréken.

Aan zyne fchildknaapen

Hang myne cyfers hier bynaar geheel vergaan,
Dat aan myne haaters fy niet meer ten prooi en ftaan.
Myn pragtelooz geweir, afbéldzel mynder lyden,
Zulk als ik ftaag het draag te midden van het ftryden,
Dit enkel fchild, dien helm beróvt van zyn koleur,
Zy zonder praal gehegt aan dien bedroevden meur.

De Schildkaapen hangen zyne Waapenen in die ydele
plaatzen te midden van de andere Zegenwaapenen.

Spaar myne zinfpreuk, z'is myn opperfte behaagen,
Zy konde mynen moed in het gevegt befchraagen,
Zy my geleid, zy is myne hóp' waar ik my keer;
Elk woord geheiligd is, zy fyn *de Minne en de Eer.*
Wanneer de Ridders hier ter plaatze fullen daalen,
Zegge hun dat eenen held verfcheen uit vremde paalen,
Die wilt onkundig met hun tréden naar den ftryd,
Die zynen trotz bepaalt in 't volgen hunnen vlyt.
Wie is hunn hófd nu vrind?

ALDAMON.

Van zédert nu dry jaaren,
Den weirdig Argire het hófd is dézer fchaaren.

TANCREDE. *Bezyden.*

Amenaïdes bloed!

ALDAMON.

Men zaag hem al te lang
Gebógd voor 't rot waar af wy vreezen het bedwang.
Ten leften hy is tot zyn eerft gezaag geftégen;
Men hóg-agt zynen naam, zyn bloed, en deugdryk plégen.
Maar nu verzwakt door oude . hem Orbaffan volgt naar.

TANCREDE.

Myn vyand! Orbaffan! hy, myn geweldenaar!...
Vrind welk is het gerugt geftrooid in déze ftréken?
Is het wel waar dat dien verméten, ah will' fpréken,
Héft eenen vaader al te ligt en zwak, mifleid?
Dat zyns vereening hem het woord is toegezeid,
Dat op Amenaïde hy durvde de ógen draagen,
En zig vervoordert héft van haar ten egt te vraagen?

ALDAMON.

Dit niews wird gifter my verwerdelyk vertelt.
Voor my verr' van de ftéde en aan den wal gefteld,
(Dank aan myn heilzaam lot) waar ik u hebbe ontfangen,
Geveft aan myne poft, ik wét niet wat belangen
Men roert in déze wands, die ik met afschrik fchuw;
Waar dat men u vervolgt, waar ik zoo zeer af gruw.

TANCREDE.

Ah! vrind! ik wille aan u geheel myn hert vertrouwen.
Lóp tot Amenaïde, en wille aan haar ontvouwen,

Dat eenen vremden die door fchoonften yver gloed,
Voor haaren hógen naam voor de eere van haar bloed,
Voor 't heil haars édele huis; van zyne al eerfte ftonden
Aan haare moeder, en aan haare ftamm' verbonden,
De gunft van een geheim gefprék van haar verbeid.

ALDAMON.

Noit wird den toegang van haar huis aan my ontzeid.
Men ziet daar met geneugte ontfangen, en beloonen,
Wie waare neiging nog voor uwen naam betoonen.
Hadd' d'Hemel aan het bloed der Franfchen tog gehengt,
Dat met Argires bloed het zig hadde hier vermengt!
Welk dat het ógwit fy, Mynheer, die u komt wekken,
Ik, zonder onderzoek, lóp uwen wenfch voltrekken,

TWEEDE TOONEEL.

TANCREDE, *de Schildknaapen in den grond.*

Gaa: en dien hémel die ftaag waakt tot myn behoed,
Die my brengt wéder aan Amenaïdes voet, /
En die in allen tyd héft zyne gunft gedrégen
Aan waare oprechte minne, aan waar en eerlyk plégen,
Dien Hémel, die my héft in 's Moorens tent geleid,
By myne vyands zelv nog myne zaake pleit.
Amenaïde my bemint en durvt my blyven
Tot berg, dat ik hier móg de vreez van fmaad verdryven.
Verr' van des Cefars heir en d'Illyrifche ftrands,
Ik in den boezem kóme, om haar, myns vaaderlands.
Té wreede vaaderland, en die in myne fmerte,
Nog naar Amenaïde, het lievfte is aan myn herte!
'K verfchyne: haar Vaader haar met eenen and'rén trouwt!
En zyne dogter my zoo zeer verraaden foud?
Wie is dien Orbaffan? Wie is dien onbedagten?
Waar fyn de tréken door de welke hy zig doet agten?
Wat déde hy dan zoo groots, dat hy zig zoo vermét
Tot vraagen eenen pryz, die kroont de dapperhéd?
Die aan de eerfte helden waar tot looning toegefchréven,
Die moet aan my door 't recht der minne fyn gegéven.
Voor hy hem weirt, hy weire aan my des lichts befchyn.
Zy, zelv naar myne dood, my foud getrouwig fyn!
Dat durve ik waanen: ja, 't is zoo dat ik behaage;
'T is zoo dat voor een herte als 't haare ik minne draage;
'T is onberoerelyk, 't is weirdig ganfch van my,
Het kent nog trouwloozhéd, nog vreez, nog veinzery.

DERDE TOONEEL.
TANCREDE, ALDAMON.

TANCREDE.

Ah! al t'heilzaamen vrind gy kómt van haar te fpréken,
Leid my tot haar, gy ziet hoe zeer ik ben onftéken.

ALDAMON.

Mynheer, en will' tot dat rampzaalig huis niet gaan.

T A N C R E D E.

Wat zegt gy? uw gezigt verdronken in getraan!...
A L D A M O N.

Ah! vlied voor eeuwig déze afgruwelykke ftréken!
Naar alle het mifdaad hier op dézen daag gebléken,
Ik konn' niet blyven, zoo verworpen als ik ben.
T A N C R E D E.

Hoe dat?...

A L D A M O N.

Dat m'elders uwe heldaadighéden kenn'.
Den roem en luifter u in 's Cefars tenten wagten,
Gy naar geene eere en moet in déze veftens tragten.
Vlied men hier niet dan hoon en zwaare fchelmftuks hoort.
T A N C R E D E.

Met welke wreede fchigt gy my het hert doorboort!
Wat zaag gy dan? Wat zeid, wat dede Amenaïde?
A L D A M O N.

Vergét haar, heer, dat zy uw hert niet meer beftryde.
T A N C R E D E.

D'ontrouwige! Orbaffan, ô fpyt! bekomt haare hand!
Hy, myn vervolger, en haars vaaders dwingeland!
A L D A M O N.

Déz morgen héft Argire het huw'lyk onderfchréven,
En om des huw'lyks pragt het orden was gegéven...
T A N C R E D E.

En 'k werd getuige van zoo fchrikkelyk verraad!
A L D A M O N.

Hier uwen buit aan hun beftemd is door den raad.
Ja, men tot bruidfchat hem aan Orbaffan belóvde,
Die u, Mynheere, van uws vaad'rens erv beróvde.
T A N C R E D E.

Den laffen! hy my róvt wat eenen held mifagt.
Amenaïde, ô God! is tot zyn egt verkragt!
Zy is aan hem!

A L D A M O N.

Mynheer, dit fyn de minfte flaagen,
Dat d'hémel in zyn toorn kómt van op u te draagen.
T A N C R E D E.

Voleindig wreeden, en haaft mynen leften ftond,
Voleindig,... fprék... helaas!

A L D A M O N.

Zy zig ter trouw verbond
Der trotzen haater van alle uwe zégen-tréken;
In déze wyk men ging des hymens licht ontftéken,
Wanneer men héft ontdekt de groodhéd van haar kwaad.
'T is weinig dat zy is verandert, en u laat;
De ontrouwige, Mynheer u beide ging verraaden.
T A N C R E D E.

Voor wie dan?

ALDAMON.
Voor eene hand die ftaag hier tragt te fchaaden;
Voor den verdrukker van geheele dit geflagt,
voor Solamir...

TANCREDE.
Ó God! dien naame my verfmagt!
Hoe Solamir!... hy in Byzantien was haar minnaar;
Maar verontweirdig dan, maar ik was zynen winnaar.
Neen! zy haare eeden nog myn herte noit verried;
Zoo vél verderv gaat in zoo fchoone ziele niet.
Zy dies is onbekwaam.

ALDAMON.
Ik hebb' fpyts my gefpróken,
Maar dit te fnood geheim is óver al ontóken.

TANCREDE.
Hoor : ik ten vollen kenn' den lafter en den nyd;
Eh! en welk deugdryk hert aan hunne laage ontglyd?
Gebannen van de wieg, gevoed in de ongelukken,
Myn eigen werk, ik ftaag beproevd door niewe drukken,
Droeg mynen helden moed van de eene aan de and're ftrand,
En voelde vàn den nyd de woede t'allen kant.
Vrind, ik den lafter zaag van zédert dat ik aàs'men,
Door fynen loffen mond zyn fwart fenyn uitwaas'men.
In 't hóv der Vorften, dus als in den vryen ftaat,
Argire lange wird door zyne ftemm' gefmaad.
Hy leed zoo véle als ik : ik fchyne te onderfpeuren,
Dat ók dat fchrikdier heerfcht in Syracufes meuren;
Zyne adders fyn gevoed met 't doodelyk vergift,
Het welke d'oproer in de dwaalende herten zift.
Der geeft van zaamgefpan ik kenn' de woedighéden;
De groote Amenaïde is zelv dcor hem beftréden.
Ik wille haar zien, ik wille haar hooren, volg my aan.

ALDAMON.
Staa, Heer. Ik moet u dan het alle doen verftaa n.
Men rukt ze uit de ermen van Argire, fchier begéven,
Zy is in boeien.

TANCREDE.
Wat hoore ik!

ALDAMON.
Zy werd gedréven
Ter fchandelykfte ftraffe hier zelve in deze plaatz.

TANCREDE.
Amenaïde!

ALDAMON.
Helaas! te wreed befluit des raads,
Zoo het onbillyk is! men durvt het tégenfpréken;
Men weent, en niemant zig vertoont om haar te wréken.

TANCREDE.
Amenaïde!.. noit werd déze offrande, noit
En werd dien aanflaag, zoo afgryzelyk, voltoit.

ALDAMON.

Het volk ter rechterſtoel lópt toe by heele ſchaaren.
Het weent en klaagt haar, al haar trouwlooz verklaaren;
Tot dit ontaarde recht, onweirdiglyk bevlyt ,
Niewsgierig, woedig, en niet min, het médelyd.
Men ziet het met gewoel ter vangeniſſe glyden;
Wat vremden yver om te zien zyns évens lyden !
Den wreeden ógenblik verraſt word met gezugt.
Dien overwelvden gang, dat ider nu ontvlugt,
Door ménig burger werd eer korten tyd belommert.
Ververre u, Heere, volg.

TANCREDE.

Wat ouderling, bekommerd,
Kómt uit den tempel met zyne ógen in getraan?
Zyn ſtoet verſlógen doet de méde ſmert verſtaan.

ALDAMON.

Het is Argire dat gy herrewaars ziet kómen.

TANCREDE.

Gaa, waak dat mynen naam van niemant zy vernómen.
Argire beziende.
Hoe véle ik hem beklaag.

VIERDE TOONEEL.

ARGIRE, *aan eene der zyden van het Tooneel*, TAN-
CREDE, *aan het voorſte*, ALDAMON
verre af in het verdiep.

ARGIRE.

God ! haaſt myne uiterſte uur !...
ô dood ! ſlaa, het is tyd, voleindig myn getreur.

TANCREDE.

Duld édelen Argire, aan eenen van die helden,
Met óp'ne vaandels, die ter Muzulmanſche velden
Gaan lauwers zoeken in zoo zeer gewyden ſtryd ;
Gy ziet den minſten van die helden groot in vlyt.
Ik kwaam.... in uwen druk vergév, en will' gehengen,
Dat ik met uw getraan het myne móg vermengen.

ARGIRE.

Ah ! gy zyt eenig die my trooſt in mynen nood ;
Een ider my ontvlugt, en mynen druk vergroot.
Gy zelv vergév aan myne ontroering buiten maaten.
Wie ſpraak ik dan ? helaas !

TANCREDE.

Gedaald uſt vremde ſtaaten,
Vol eerbied voor u, zoo véle als gy bekneld,
Beſchaamd, ik vreeze aan u te vraagen wat u kwelt.
Rampſpoedig dus als gy... uit méd'lyd my aanhoore,
Dat myne ſtoutigbéd, bidde ik, u niet verſtóore,
Is uwe dogter ?...

ARGIRE.

Ja : men héft u wel gezeit,
Het is te waar, men haar eer haaſt ter dood geleid.

TANCREDÉ.

TANCREDE.

Z'is pligtig?

ARGIRE.

Z'is... de schuld van myne schande en treuren.

TANCREDE.

Zy, uwe telg!... gevoed verre af van deze meuren,
Ik oordeelde, op den roep van haaren hógen naam
Dat, zoo de deugd zelve oit ter aarde woonen kwaam,
Amenaïdes herte haar moest tot schuilplaazt lusten,
Z'is pligtig! welken daag! vervloekelykke kusten!
Voor altyd wreeden daag!

ARGIRE.

'T gonn' my Wanhópen doet,
'T gonn' myne graavstéd graavt, 't gonne yzen doet myn
En nog met meerder leed voleindigt myne daagen, (bloed,
Is, dat zy mint haar kwaad, en geenzins wilt beklaagen.
Ok geenen Ridder haars verdédiging nemt aan.
Zy hebben haar ter dood gevonnist in getraan.
Spyts 't oud gebruik, dat z'hier zoo plegtig onderhielen,
Dat heel Europa lóvt, zoo liev aan éd'le zielen,
Naar welk, men schraagt in 't perk 't gelaakte vrouw-geslagt;
Die myne telg was, werd voor myn gezigt gesmagt,
Dat, zonder eenen held durvt off'ren haar te vryden.
Dit meerdert myne schande, en doet my zwaarder lyden.
'T bévt alle, het alle zwygt, niet eenen zig verklaart.

TANCREDE.

Betrouw op eenen, zy niet voorder meer bezwaard.

ARGIRE.

Heer, met welke hópe strélt gy 't herte van eenen vaader?

TANCREDE.

Dien held maar stryden sal voor haaren oorsprongs aader;
Voor den gewyden naam van haar doorluchtig bloed,
Voor uwe deugd. Voor haar, zy zulks niet hópen moet:
Amenaïde niet verdient dat m'haar soud wréken.

ARGIRE.

Ah! gy herléven doet myn herte schier beswéken.
Wie aan ons reiken sal zyne onderstandige hand?
Elk vlugt ons, en wy syn tot hoon ten allen kant.
Wie in het stryd-perk ons geweirdig te onderschraagen,
Wie onzen Ridder werd!

TANCREDE.

Ik zelve sal my waagen,
Ik. Zoo den hémel my ten stryd behulpzaam is,
Ik vraage aan u, Mynheer, voor alle herkentenis,
Om strax en onbekend, te vlieden déze stréken.
Ik will' niet zien, nog min, Amenaïde spréken.

ARGIRE.

Ah! Heer, 't is d'hémel, 't is God zelve die u zend.
Myn krank en rouwig hert meer geene vreugd en kent,
Maar ik my voele, helaas! met minder leed begéven.

Móge ik niet wéten in myn ongelukkig léven,
Aan wie myn eerbied en herkentenis behoort?
Men lézt in uw gelaat de groodhéd der geboort,
Wie fyt gy?

TANCREDE.
Dien, die zig voor u in 't perk fal zetten.

VYVDE TOONEEL.
ORBASSAN, ARGIRE, TANCREDE,
RIDDERS, GEVOLG.

ORBASSAN. *aan Argire.*

Den ftaat is in gevaar, Mynheer, Wy moeten letten.
Wy morgen met het volk befchikten uit te gaan,
Wy fyn voorkomen; die, die ons verraaden, aan
Den vyand zéker diez de maare gingen draagen.
Want Solamir wilt zelv het lot der oorlóg waagen.
Wy zullen gaan tot hem: gy, Heere, my gelóv,
Uwe ógen van zoo droev een fchouwtooneel beróv;
Het werd te fchrikkelyk, het doet onz zelve béven.

ARGIRE.

Het is genoeg, Mynheer; d'hópe eenig my gebléven,
Is van te fterven in des oorlogs gevaar.

Tancrede wyzende

Dien braaven Ridder my geleiden fal tot daar.
Spyts alle de afschriks daar myn huis is afgefchonden,
Ik in den dienf myns lands voor 't minfte werd verflonden.

ORBASSAN.

Zoo hóg gevoelen van u weirdig is, Mynheer.
Gaa, uwe lefte flaags tot onze vyauds keer'.
Maar bóven alles, wille het gruwlyk toeftel vlieden
Dat men bereid, en dat gy niet en moet befpieden.
Men naadert.

ARGIRE.
Grooten God!

ORBASSAN.
Het vaaderlyk gewrigt,
Moet zig ontrukken aan zoo fchrikkelyk gezigt;
Myn ampt my wéderhoud, myn ampt moet zyn gekwéten,
Het wilt dat ik bedwing een volk te zeer verméten;
De onbiddelykke weth en let nog ftamm', nog bloed;
Hoe yzelyk zy fy, ik haar befchermen moet.
Maar gy die geene pligt zoo ftreng en moet voltrekken,
Wie kont u dwingen, of wat luft kont u verwekken
Om 't bloed te zien die door de weth vergooten werd?
Men komt, ververre u.

TANCREDE.
Neen: blyv Vaader, ftille uw hert.

ORBASSAN.
Wie fyt gy?

TANCREDE.
Eenen held in haat tot u ontftéken;

Den vrind der ouderling, die hem miſſchien ſal wréken,
En móg'lyks nuttig aan den ſtaat zoo véle als gy.

SESDE TOONEEL.

Het Tooneel word geópent, men ziet Amenaïde in het mid-
den van de Wagten, de Ridders, het Volk vervullen de
plaatze.

ARGIRE.

Deugryken vremdeling, beſchraag my, ſtaa my by!
'T is myne dogter, berg die voorwerps aan myne ógen.

TANCREDE.

Wat ſtonden voor ons dry!

AMENAIDE.

　　　　　　　　　ó opper rechts vermógen
Gy ziet van uwen throon wat was, wat is en werd,
Gy eenig billyk ſyt, gy eenig kent myn hert.
Het ongenaadig volk in godelooz beſtéden,
Sprékt, oordeelt blindelyk, en vonniſt zonder réden.
Gy Ridders, burgers, gy die deelnaam en beſloot
Het bloedig Wyzdom die veroordeelt my ter dood,
Voor u en doe ik myne onnoozlhéd niet blyken;
Ik laate d'hémel u, of my verongelyken.
Onmenſchte werktuigs van een vonnis onbedagt.
Ja : ik hebbe u geſmaad en uwe weth miſagt;
Zy was tot hoon aan my, tot ſchrik aan alle menſchen.
Ik eenen Vaader ſtoorde, hy dwong myns hertens wenſchen.
Ja : ik laakte Orbaſſan, die trotz en ſtreng, op my
Zoo ſtout durvde eiſſchen eene onbillykke heerſchappy.
Ó Burgers! zoo om diez de dood my moet verrukken,
Slaa : maar aanhoore, en kenne eerſt alle myne drukken,
Die ſpréken gaat aan God, en vreezt de menſchen niet.
Gy, mynen Vaader, gy getuige myns verdriet,
Die het niet moeſte ſyn, en die door billyk ſtryden,
　　　　　　Tancrede ziende,
Hadd' konnen... Hemel!.. wie zie ik aan zyne zyden?
Is het hy? ik bezwyk.

　　　　Zy valt in onmagt op de Wagten,
TANCREDE.

　　　　　　　　　Myn byſyn is aan haar
Tot een verwytzel. Maar, daar leit niet aan, bedaar,
Gy dienaars van de dood, verzett', ſchort op de wraake,
Staa, Burgers, ſtaa, bedaar, ik aanéme haare zaake,
Ik haaren Ridder ben. Dien vaader in den nood,
Bereid te ſterven en niet myn gedoemd ter dood,
Beſtemt aan mynen erm de onnooſelhéd te wréken.
De dapperhéd alleene hier moet het vonnis ſpreken,
Der braave Ridders 't is het ervdeel meerſt gewyd.
Het perk geópent ſy aan de eere en aan den vlyt;
Dat daar de rechters ſtrax het alle doen bereiden.
U, trotzen Orbaſſan, u ſal ik daar verbeiden.

32   TANCREDE,

Kóm fterven dóor myne hand, of géven my de dood.
Uwe uitwerks, uwen naam, ik wéte het fyn wel groot,
Gy hier gebied, en dies ik wille u weirdig agten.
Zie daar den pand der ftryd daar ik u fal verwagten.
     Hy werpt zyne Handfchoede op het Tooneel.
Durvt gy hem ligten?

         ORBASSAN.

                  Uwe hógmoedige hévighéd,
Soud niet verdienen dat men u die eere déd.
    Hy maakt teeken aan fynen Schildknaap van den ftryd-
        pand op te ligten
Ik doe haar aan my zelv. Naar alles wel te letten,
Uit agt der ouderling die u durvt voorenzetten,
'K fal my vernéd'ren om met u in 't perk te gaan.
Ik gaa u ftraffen om 't beroep aan my gedaan.
Wat ftand heb gy, wat naam? dien Schild zoo zeer gefchon-
Schynt weinig teekenen van roem ons aan te konden. (den.

        TANCREDE.

Door zégen mógelyks men hem haaft beluifterd ziet.
Ik zwyge mynen naam: nog ik en zegge hem niet
Voor wy gewaapend in het ftrydperk beide lópen.
Volg aan.

        ORBASSAN.

        Op 't ógenblik men ftell' de renbaane ópen.
Amenaïde fy gezet uit 's boeiens dwang,
Tot aan den uitval van dien ftryd van kleen belang.
Gy, wét gezellen, dat ik al het perk verlaaten,
Lóp moedig aan uw hófd befchermen déze ftaaten.
De eere is vergankelyk van alle twee-gevegt,
Maar Dienen 't vaaderland eene eere is meer oprecht.

        TANCREDE.

Kóm: en gy, Ridders, ik verhópe dat van daage,
Een anderen den ftaat dan Orbaffan befchraage.

ZEVENSTE TOONEEL.

ARGIRE, *aan het voorfte,* AMENAIDE, *in den grond*
    van het Tooneel geloft van haare boeien.

        AMENAIDE.

God! wat gewerd by? hy verlooren is, zoo by
gekent word.

        ARGIRE.

       Myne telg!...

        AMENAIDE.

             Helaas! wat wilt gy my
Gy my veroordeelt hebt.

        ARGIRE.

            ó Tot in toorn ontftéken!
Wilt gy, ó mynen God! die fchynt voor haar te fpréken,
Vergéven haar mifdaad, of wréken haar verdriet?
Aan myne béden, ah! wat weldaads ftemt gy niet?

Is 't billykhéd, of gunft? ik béve, en durv betrouwen.
aan Amenaïde
Wat déde gy? helaas! hoe moet ik u aanfchouwen?

AMENAIDE.

Met Vaaders ógen gy my ftaag aanfchouwen moet.
Ah! uwe telg is nog aan haare Graavftéds voet;
Wie wét of d'hémel fal aan my voordeelig wézen.
Niet is verandert, en myn vonnis is gelézen.
Bév min voor mynen roem : hy is onhinderlyk....
Maar fyt gy vaader, my ontrukke uit déze wyk.
Berg uwe Dogter, die bezwykt aan haare plaagen,
Dat toeftel, dat gedrang, die ik niet konn' verdraagen,
Die op myn onheil het gezigt geflégen houd,
Die mynen hoon aanmerkt, en die hier traanen fchouwt,
Wiens oorzaak is zoo fchoone en tot nog ongeraaden.

ARGIRE.

Volg, myne bévende hand verzékert uwe paaden,
Van haaren Ridder, waak de waapens, grooten God!
Of eindig door de dood eens vaaders droevig lot!

VIERDE BEDRYV.

EERSTE TOONEEL.

TANCREDE, LOREDAN, RIDDERS, *toekomende met eene oorlogs Marfch, men draagt de Waapens van Tancrede voor hem.*

LOREDAN.

HEer, uwen zégenpraal vermaart is en rampfpoedig;
Gy róvde ons eenen held zoo braav en zoo kloekmoedig,
Die zynder ftaats-drift aan ons gaav zoo ménig blyk,
En welkers dapperhéd aan de uwe was gelyk.
Moet uwen naam en lot hier blyven nog gedóken?

TANCREDE. *opgetrokken en beroerd.*

Ik hebb'ze aan Orbaffan ter leften ftond ontlóken;
Hy in het graav draagt myn geheim en mynen haat.
Dat myn rampzaalig lot u geenfins en belaad';
Zoo ik u dienen konn' wat foud die kennis baaten?

LORÉDAN.

Vermits gy het begeirt, wy u onkundig laaten.
Maar dat tot heil der ftaat zig uwe deugd hier ftyv,
Door eenen nutten vlyt, en heldelyk bedryv.
De Turkfche vaandels gaan te velde zig doen merken,
Met ons, wille onze weth, en onzen Godfdienft fterken.
In Solamir aanzie een grooter vyand, vrind,
Dat men den fteun door u gefnévd, in u hervind:
Gév wéder aan den ftaat den held dat gy ontrukte,
Ons noodig is den erm die Orbaffan verdrukte.
U Solamir verwagt.

TANCREDE.

                              Ik hebbe toegeftaan
Van met u in het veld te tréden, ik fal gaan.
En Solamir dat gy doet grooten vyand fchynen
Der ftaat, is mogelyks nog véle meer den mynen.
Ik haate hem meer als gy : maar wat het fy, ter tyd
Wét dat ik veirdig ben tot dézen niewen ftryd.

CATANE.

Hoe véle en moeten wy die dapperhéd niet agten.
Van onze herkentenis gy alles ók mógt wagten;
Wat Syracufe werd verpligt aan uw beleid!

TANCREDE.

Neen, geene herkentenis : myn herte geene en beid;
Ik wille geene, neen. Niets is meer te bezeffen
In dit bedroevd bevat, dat mynen wenfch kont treffen.
Zoo ik u dienen konne en fterve in het geweir,
Ik nog herkentenis, nog weeklagt en begeir,
Nog lóv, nog médelyd. Ik tot den vyand lópe,
My Solamir fal zien, dit is myne eenige hópe.

LOREDAN.

Het is die van den ftaat : van nu den tyd ons prangt.
Wy denken eenig op het gonne ons meerft belangt,
Den zégen. Gy die hem met ons gaat onderwinden,
Vermaand werd als gy u ter poft fult moeten vinden,
Waar dat den vyand haaft ons óvervallen moet.
Bereid te dompelen in 't Muzulmanfche bloed,
Alle ander ógwit fy verre af van ons verftéken,
Wy denken eenig om het vaaderland te wréken.

                                   zy vertrekken.

TANCREDE.

Het weirdig fy ofte niet, ik wréke het tot de dood.

TWEEDE TOONEEL.

TANCREDE, ALDAMON.

ALDAMON.

Zy kennen niet welk een vergiftigd ftaal doorftoot,
Dat te zeer édele en te zeer betóverde herte.
Maar nog, fpyts uwen hoon en innerlykke fmerté,
Vervullende een gebruik, daar elk zig toebeftéd,
Verfchynt gy niet voor het gezigt der fchoonighéd
Die u de vryhéd moet, haare eere, en haare daagen?
Sal uwe winnaars hand haar niet ten offer draagen,
Der dooden Orbaffan het ganfch bebloed gewaad?

TANCREDE.

Neen, Aldamon : van haar ik my niet zien en laat.

ALDAMON.

Hoe dan ! gy die de dood trotzeerde om haar te vryden,
Nu vlied verre af van haar?

TANCREDE.

                    Zulks moet haare herte lyden.

ALDAMON.

Ik zie te wel hoe véle haar mifdaad u mishaagt.
Maar voor dat mifdaad, gy, Mynheer, u hebt gewaagt?

TANCREDE.

Ik alles déde om haar, maar ik haar moefte wréken.
Ik konde (fchoon voor my haare ontrouw was gebléken).
Nog lyden haare dood, nog haare fchande. Ah! vrind,
Hoe haar verlaaten, zelve hadde ik haar min bemint?
Ik moefte haar redden, maar ik moet haar niet vergéven.
Zy léve, het is genoeg : Tancrede alleen moet fnéven,
Den held dat zy verried, nog werd door haar betreurt,
Dit hert dat zy verlooz, dit hert dat zy verfcheurt....
Ô hémel! die my zaag zoo zeer aan haar verbinden,
Mógde ik verdenken van meineedige haar te vinden!
Ik dagt de reinfte deugd te eerbiedigen in haar,
Ik waande min gewyd en de eeden en d'altaar,
Als de enkele beloft, 't woord van Amenaïde.

ALDAMON.

Is alles vreed dan, of meineedig hier ter tyde?
Gy voor u léven was by vonniffe hier geband;
De weth vervolgt u, en de minn' werkt uwe fchand.
Wel, mits het dus is, wy ons ftrax van hier begéven.
Ik volge u in ftryd, ik volge u voor het léven,
Verr' van dit oord te zeer met lafterftuks befmet.

TANCREDE.

In haar mifdaad, wat zoet in myn gedagt herzet
Den fchyn der deugden, dat ik waande in haar te aanfchou-
Gy, die my daalen doet in óvermaat van rouwen,   (wen!
Ter fchrik der graavftéd daar ik u hebbe af gevryd,
Afzienig, pligtig, nog miffchien aanbéden fyt.
Gy die myn lot befchikt tot myne lefte ftonden;
Ah! waare het mógelyk, ah! hadde ik u gevonden
Zulke als gy ftaag aan myn milleid gezigte fcheen!
Neen, ik al fterven u vergéten konne alleen....
Die zwakhéd is te groot ik moet haar niet meer lyden.
Ah! fterve ik, konne ik, al haar ftellen ganfch ter zyden.

ALDAMON.

Zy minder pligtig fcheen ter ftond aan uw gezigt,
Den leugen, zeide gy, is óver al geftigt,
De laftering beheerfcht.

TANCREDE.

                    Ah! alles héft gebléken.
Ja, alles is in dat te fnood geheim verftéken.
Ter plaatze hier, Solamir baad haare fchoonighéd,
Hy vraagde haare hand tot pryz der offer van de vréd,
Hadde hy gedurvt, zoo hy niet wifte te behaagen?
Zy zig verftaan : ik ging vergévs my ondervraagen.
Vergévs ik twyffelde! den vaader zeider waar,
Den teerften vaader zelve is haar befchuldenaar.
Hy zyne dogter doemt, zy zelve haar ók befchuldigt;

Ik zelve het fchrift zaag die myne afschriks ménigvuldigt,
„ Konde ik in Syracufe u zien in overhèd ,
„ Zoo véle als in myn hert gebied in déze ftéd”
Myn onheil zéker is.

ALDAMON.

                    Wille haar niet meer gedenken,
Verfoei de ontrouwe, die haare eeden durvde krenken.

TANCREDE.

Tot óvermaat van hoon, ’t fcheen dat ze eene eere ontfing,
’T fcheen zy zig léverde aan den grootften ſterveling.
Wat my nog dit gedagt veron’glykt, en moet pletten!
Den trotzen Arabier gévt aan Italien wethten!
Het vrouwgeſlagte door zoo véle glans verrukt,
Die in zyn eigen ſtaat in flaavernye bukt,
Verblind door d’eerbied dat die winnaars hun doen draagen,
Door zwakhéd lévert zig ter meeſters die hun plaagen.
Zy laaken ons voor hun, wy hunnen onderſtand,
Die léven tot hunn’ heil, en ſterven voor hunn’ land.
Ja, mynen trotz genoegde in zoo zwaare ongelyken,
Tot vloeken ’t léven en de trouwlooze af te wyken.

DERDE TOONEEL.

TANCREDE, ALDAMON, eenige Ridders.

CATANE.

De Ridders fyn bereid, den tyd is koſtelyk.

TANCREDE.

Ik hebb’ te lang vertoevt, ik rukk’ me uit déze wyk.
Ik volg u naar.

VIERDE TOONEEL.

TANCREDE, AMENAIDE, ALDAMON,
RIDDERS, FANY.

AMENAIDE hévig toekomende.

                  ô myn befcherm God, myns ontferme!
ô meeſter van myn lot, ik uwe knien omerme!

Tancrede heft haar op, maar al zig afkeeren van haar.

Dit my vernédert niet : myn vaader vol van ſmert,
Aan uwen voet met my, eer haaſt gebógen werd.
Waarom ontróven ons uw byfyn, dat wy roemen?
Wie fal myn ongeduld, zoo billyk, konnen doemen?
’K ontrukk’ me aan zyne borſt : móge ik naar myn begert,
Niet ſtemmen myne vreugd, en, ópenen myn hert?
Ik u niet naamen durve, uwe ógen fyn gebógen!
In dit te wreed verblyv móge ik u maar beógen
Te midden in de beuls die rukten my ter dod?
Gy fyt verſlégen, en gy myne ziel doorſtoot.
’K vreeze u te fpréken, ah! wat komt dien dwang my ſtooren
Gy keert uwe ógen af, nog wilt my niet aanhooren.

TANCREDE. met eene afgefnédene ſtemme.

Keer, trooſt den ouderling die ik zoo hóg beeer.
Nog ménige and’re zorg my dringt tot wéderkeer.

Voor u , voor hem, gy zaag my myne pligt voltrekken ,
'K ontfing myn loon, geene·hópe en kont my voorders
Te véle herkenteniffe u laftig viel gewis. 　　(wekken.
Myne herte en wenfcht geene: en het uwe meefter is,
Van naar zyn eigen luft zyn noodlot te bewégen,
Lév wel voorfpoedig.... en ik lóp de doodflék tégen.

VYVDE TOONEEL.
AMENAIDE, FANY.

AMENAIDE.
Waakte ik ? ben ik ter daad gerézen uit het graav?
Is 't waar dat d'hémel my het léven wédergaav?
Befchouwe ik nog het licht ter daag die my doet fchrómen !
Helaas ! ô Fany ! 't gonne ik hebbe ftrax vernómen
Is my een vonnis, meer afgryzelyk , meer fnood,
Dan was de weth die my gedoemt héft tot de dood.

FANY.
Vreezt hy zig te uiten? en wat kont hem tog ontfléken ?

AMENAIDE.
Is het Tancrede! ô God! die kómt van my te fpréken ?
Zaag gy die koelhéd , dat veragtende gelaat,
Dien toorn, waar méde hy my zoo bitzig héft gefmaad ?
Met affchrik, Fany, hy tot zyne vryfter naarde!
Hy my uit 't graav rukte, en tot grooter leed verfpaarde!
Wat déde ik tog, Tancrede, hoe hebbe ik u mishaagt?

FANY.
Zyn voorhófd blaakte van den toorn die hem doorknaagt.
Zyne afgebrók'ne ftemm' liet koelhéd onderwaanen.
Hy keerde de ógen maar hy bergde zyne traanen.

AMENAIDE.
Hy my verfmaad , my vlugt , my lóchent en my laakt!
Wat wreede wiffeling héft dézen ftorm gemaakt !
Wat wilt hy? door welk leed is zynen haat gerézen ?
Van wie ter weirelt kont hy minnenydig wézen ?
Ja, ik hem moet den daag, dien roem my hóg behaagt,
Hy, eenig aan·my liev, my eenig héft gefchraagt.
Ik wéte het, zonder hem, dat ik verlooz het léven.
Maar hy my fpaarde het bloed dat ik voor hem ging géven.

FANY.
Konde hy het wéten? het gemeen geroep vervoert.
Wie zig van dies miftrouwt, blyvt zelv flegts onberoerd.
Dien flaave, zyne dood, dat ongelukkig fchryven,
Den naame van Solamir , den roem van zyn bedryven,
Den offer zynder trouw, zyns vuers vermételhéd,
'T fpraak alle tégen u, zelve uwe fwygenthéd.
Die trotze fwygenthéd, zoo groot, door welkers waake ,
Tancrede ontging aan die zoo rédelooze wraake
Van d'haaters, welkers zugt naar beider onheil dong.
Wat fterv'lykke óge oit door zoo duifter dekzel drong ?
'T vooroordeel heerfcht , men lievt , en men gelóvt den lógen.

AMENAIDE.
Hy, my verdenken!　　　　　　　　　E

F A N Y.

Ah! zoo hy zig héft bedrógen,
Vergév een minnaar.

A M E N A I D E, hernemende haare trotzhéd en
haare kragten.

Niets hem wafcht aan myn gezigt.
Of heel den al my van een fchelmftuk hadd' betigt,
Eenen grooten fterveling moet zyn gevoelen letten,
En aan den al mifleid zyn oordeel tegenzetten.
Hy ftreed dan maar voor my uit enkel médelyd!
Die fchande is my te zwaar, zy my te zeer beftryd.
Ik, ftervende voor hem, ftierv zonder naarberouwen.
En hy my laakt, van my, hy durvde zig miftrouwen?
Het is gedaan, neen ik zulks nimmer en gedóg...
Staag zyne weldaads zig vertoonen aan myne óg';
Niets en fal hun in myn beleedigd hert verdóven.
Zoo zynder trouwe, hy my onweirdig durvde lóven,
Der myne, ik hem als meer onweirdig wille aanzien,
Ah! mynder leeden, dit het drukkigfte is miffchien!

F A N Y.

Maar hy is onbewuft....

A M E N A I D E.

Wat twyffel konde hem plaagen
Hy voor eene hert, zulke als het myne, ontzaag moeft draa-
Hy moefte denken dat het was onmóg'lyk, dat   (gen.
Ik oit zoo édel een verbond verraaden hadd'.
Dit hert is alzoo trotz, als zynen erm is dapper,
Dit herte zéker niet, is als het zyne flapper;
Min agterdoggig, en gevoeliger gewis.
Ik lochene Tancrede en al wat fterv'ling is.
Zy fyn all' zwak of wreed, of fnood of vals van herte,
Verleiders of verleid. In overmaet van fmerte,
Ja ik, Tancrede, en heel den al vergét van daag.

ZESDE TOONEEL.

A R G I R E, A M E N A I D E, gevolg.

A R G I R E, fteunende op fyne Schildknaapen.

Vernaäder vrinden, ah! myne bude jaaren fchraag!
Men gaat ten ftryde, kóm, leide myne flappe gangen.
Ah! móge ik uwen held niet aan myn hert ontfangen!
Móge ik niet wéten wie u wédergaav den daag?

A M E N A I D E, verdronken in droefhéd, met eene hand ge-
fteund op Fany, ende zig halv tot Argire keerende.

Een fterv'ling die ik oit van my zoo weirdig zaag,
Een held in déze plaatz door vaader overvallen,
Die ik niet naamen durv', geband uit déze wallen,
Het eenig voorwerp myns nood fchikkelyk gefchryv,
Van een doorluchtig bloed het eenig óverblyv,
Den grootften fterveling, den meerften onrechtveirdig!
Tancrede, met een woord.

A R G I R E.

Wat zegt gy? fyn wy 't weirdig!

AMENAIDE.

Ik zegg' wat dat de fmert ontwringt aan myne ftemm',
Wat dat ik u vertrouw, die alles vreez voor hem.

ARGIRE.

Tancrede!

AMENAIDE.

Wie voor my hadde anders zig beftéden?

ARGIRE.

Tancrede, door den raad zoo wreedelyk beftréden?

AMENAIDE.

Hy zelv.

ARGIRE.

En hy van daag voor ons nog alles doet?
Wy róvden hem zyn eer, zyn Vaaderland, zyn goed,
En hy voor ons kómt nog zyn léven hier verpanden?
Rampzaalig rechter, die in uwe onzékere handen,
Zoo blindelyk behoud het flaag-zweird en de waag!
Hoe véle onz vonnis was onbillyk tog van daag!
Hoe ons een vaalfchen fchyn van toezigt doet misbaaren!
Hoe wy ondankbaare, hoe wy dwingelanden waaren!

AMENAIDE.

Ik my beklaage móge aan u, ik wéte het, Heer;
Maar uwe deugd, helaas! verweet zig reeds te zeer
Op dat ik voorders u verwytzels foude géven.
En ik moetze aan Tancrede.

ARGIRE.

Aan hem, die my doet léven,
Die uwe daagen fpaart!

AMENAIDE.

Zy zyn te zéer onteerd,
Zy fyn te drukkig: ah! myne hópe tot u keert.
Herftell' zoo véle fchriks, zoo véle bitzig woeden;
Ah! will' myne eere, die gy róvde, my vergoeden.
Die Orbaffan verwon, maar fpaarde my het licht,
Kóm, gy rechtveirdig my, fprék het is uwe pligt.

ARGIRE.

Ik moet het wel gewis.

AMENAIDE.

Ik vliege op fynne fchréden.

ARGIRE.

Verblyv.

AMENAIDE.

Ik blyven, neen ik will' ten ftryde tréden,
Ik mynne dood van naar zaag met vervaarenis,
Zy in het Eere-veld wel min afzienig is,
Dan op het fnood fchavot daar ik was toegedreven.
Heer, het is meer geen tyd van my te wederftreven;
'k Hebbe op u rechten, dat my gévt myn ongeluk.
Moet vaader tweemaal my verlaaten in den druk?

ARGIRE.

Ah! dogter gy niet meer naar myn gebied moet hooren,
Ik hebbe door misbruik van diez het recht verlooren,

Maar welk is uw bewerp die my zóo fwaar beviel ?
En volg de dwaaling niet van uwe onftelde ziel.
Het en is hier niet dus als wel in and're ftreken,
Waar dat het vrouwgeflagt geleft in oorlogs-treken,
Met d'helden ftryd en word felvs kwaalyk onderfcheid.
Zulks door de zéden ende weth is hier ontzeid.

A M E N A I D E.

Wat zéden ! welke wreede en fmaadelykke wethten!
Wét dat ik hebb' geleert my boven hun te zetten;
Wét dat op dézen daag van onrecht en van fmaad,
Ik van myn herte maar alleene en néme raad:
Hoe dan ? die wethten die zóo wreed'lyk u verdrukten,
Uw bloed tot offerande aan uwe borft ontrukten,
Hoe ? zy beftemden dat uw kind voor ider een,
Met boeyen overlaft zoo fchandelyk verfchéen,
En zy verbieden dat ter velden van den zégen,
Met mynen vaader ik tot roem my gaa bewégen?
En hier het vrouw geflagt tot het fchavot geleid,
Maar móg te midden in de beuls fyn onderfcheid ?
Het onrecht op het left doet alle pligten fnéven.
Gy bévt, myn vaader, ah! gy hoevde wel te beven,
Doen uwer dwingelands gy ftrélende den waan,
Den trotzen Orbaffan u naam tot fchoonzoone aan,
Tot leed der fterveling die eenig woude u wréken;
Doen gy my dwong van aan gehoorfaamhéd te ontbréken.

A R G I R E.

Gaa, gy befwaart te véle het vaaderlyk geduld;
Misbruik het recht niet dat gy vind in mynne fchuld;
Ik zelve haar hebb' bekent, eerbiedig mynne fmerte!
Ik hebbe my gedoemt; en zoo tot nog in uw herte
Aan eenen vaader ganfch wanhópig, gévt gehoor,
Dat ik alleen fhév door de fchigten van den Moor!
Ik lópe tot Tancrede, en gaa by hem my zetten
Gy haare fchréden, waak.

ZEVENSTE TOONEEL.

AMENAIDE FANY,

A M E N A I D E.

Wie zoude my beletten !

Tancrede die my laakt, Tancrede die my haat,
Die my gewróken héft en die my nu verfmaad?
Ik gaa ten ftryde, ik volg u naar, en gaa trotzeeren
Den ftorm der pyls, dat ik van u op my zal keeren.
Aan uwe zyde ik géve u wéder wat ik moet,
Ik ftraffe uw onrecht, voor u gévende myn bloed;
Ik uwe ftrenghéd, zoo het zyn kont, onverftréve,
Ik, houdende u in haat, aan uwe borft ontléve,
Dien haat zoo billyk : en ik laat naar mynne dood
De vroeging in uw hert die oit my liévde bood,
En van 't vergév'loos kwaad het eindelooz berouwen,
De minne dat ik vloek, de fchriks die my benouwen.

VYVDE BEDRYV.
EERSTE TOONEEL.

De RIDDERS, VOLK, *de Ridders ende de Schildknaa-*
pen, het zweird in de hand; Soldaeten draagende Ze-
genteekens.

LOREDAN.

GAa, en van dézen ftond het zégen veld vercier;
Volk, tot den Léger God uwe offeranden flier
Hy ons den zégen gévt, men moet hem eenig eeren.
Wy konnen niets, als hy zyne hulp van ons wilt keeren;
Hy braak de fchigten, hy de laagen héft gefmagt
De welke het god'looz rót der róvers tot ons bragt,
Die róvers dat men het gezaag alom zaag ftyven.
Regt uwe zégentuigs op hunne ontzielde lyven
Vertréd nu met den voet die wreede, die barbaars;
Der fchatten van de maan cier onz' gewyde altaars,
Dat Spagnien ondérdrukt, Italien in 't branden
Egypten óvermand, en Syrien in banden,
Van daage leeren hoe men brenge tot den val
Die trotze dwingelahds, den fchrik van heel den al.
Wy moeten trooften nu Argires droevig herte;
Dat het gemeen geluk verdoove zyne fmerte.
Ah / konden wy tog, fpyts zyne onheils, zien ter tyd
Den man van ftaat getrooft, wanneer den vaader lyd.
Waarom en héft dien held, ons onbekent gebléven,
Aan wie, zegt men, men moet den roem der zégen geven,
Niet onze Ridders in den wederkeer verzelt?
Is dézen zégen dan zoo kleen by hem getelt?
Van zynen drivt zoude hy afgunftig ons gelóven?
Wy zyn wel groot genoeg om de afgunft te verdóven.
Hy diende het vaaderland en hy ontvlied het nu?
  aan Catane
Mynheer hy langen tyd geftréden héft by u,
Hoe kómt, dat naar hy woud met ons het léven waagen.
Der all'gemeene vreugd hy vlied het wel behaagen?

CATANE.

Will' m   anhooren, en ik u de réden leer.
Wapneer der Etna gy den weg befloot, mynheer,
Geplaatz yerre af van u, ter waake langft de ftranden,
Waar dat het vyands heir ons tragtede aanteranden,
Hy woude zig alleen gaan werpen in 't gevaar.
Wy waaren ganfch verfteld dat hy dien drift, zoo raar,
Zoo onberoert, zoo groot, niet hadde doen bemerken
Ter middel ftryd, dus als een moedig hert moet werken.
Zyne ed'le dapperhéd door wanhóp was vervoerd,
En zyne ftemm' verfwakt, en zyn gezigt beroerd,
Betuigden ons het leed dat zyne zinnen plaagde;
Hy dikwils Solamir met groote roeps hervraagde,
Amenaïdes naam aan zynen mond ontvlood,
Hy nàamde haar trouwlooze, en in zyne woed, zoo groot,

Uit zyne vlammende óge ik hebb' zien traanen léken.
Hy woude sterven, maar onwinbaar en ontsléken,
Meer hy hem waagde, meer wird grooter zyn bescherm.
'T week alle aan onze magt, maar meerst aan zynen erm.
Wy keerden dan tot u, mé brengende den zégen;
Hy, het gezigt gebógd, geene eere hem kond bewégen;
Droevgeestig, stomm', verzwakt, aanroepende de dood,
Beweent, riep Aldamon, die seffens tot hem schoot;
Hy hem omhelzt, en sprékt, en strakx aan ons verdwénen
Zoo dapper als hy hadde in het gevegt geschénen;
'T is voor altyd, zeide hy : dit zeggen waanen doet,
Dat dienen Ridder zoo geeerd in ons gemoed,
Aan Syracuse noit en woude zig doen kennen.
Geen mensch en kent het wit waar naar hy moge rennen;
Ik zie Amenaïde in zelven ogenblik,
Ik zie haar dringen dweers het krygvolk vol van schrik,
Geschonden, afgemat, de dood op haare wangen,
Zy roept Tancrede, en dwaalt door swaaren stryd bevangen.
Argire, droevig, volgt met moeite haar agter aan,
En hy, verzelt van ons, geleid haar in getraan.
Hy zeide, het is Tancrede, hy wiens kloekmoedig pógen
Zoo zeer in het gevegt verwondert héft onze ógen,
Myns dogters wréker en den wréker van den staat,
Hy met gemeene stemm' dat héden in den raad
Wy trouw'looz weezen, dat wy wederspannig noemden,
Dien held, naar onze weth, dat wy tot banning doemden.
Wel vrinden wat besluit genómen naar dit all'?

LOREDAN.

De vroeging eenig ons verblyvt in dit geval.
Volherden in zyn kwaad behoort maar aan den snooden;
Zoo grooten mensch verdrukt moet ons doen schaamte roo-
Men dikwels zaag de deugd onbillyklyk geboet;   (den.
Maar als zy is gekent men haar eerbieden moet.

TWEEDE TOONEEL.

DE RIDDERS, ARGIRE; AMENAIDE *in den grond,*
steunende op FANY.

ARGIRE *met hévighéd toekomende.*

Men lópe hem helpen, en men lópe om hem te vryden,
Tancrede is in gevaar, te zeer gehitzt tot stryden,
Tancrede sig te stout wierp in des vyands heir,
Tot hem alleen gekeert, op hem alleen in weir,
Helaas! ik vrugtelooz betigt myne oude léden!
Gy helden groot in magt, niet min in dapperhéden,
Die door des jaarens last nog niet verzwakt en zyt,
Gaa, lóp, verdryv de vreez die ik onduldig lyd.
Lóp, gév Tancrede aan de pligtlooze Amenaïde.

LOREDAN.

Het is te vél gezeit, kóm vliegen wy ten stryde
Men helpe synen moed, die onvoorzigtig raakt
En die uitsinnighéd, met regt by ons gelaakt.

DERDE TOONEEL.
ARGIRE, AMENAIDE.

ARGIRE.

God! trooster van myn hert die eewig u fal lóven,
Gy myne dogter gaav, gy gévt my daar en bóven
Den Ridder die zig héft gewaagt tot ons behoed.

aan Amenaïde toekomende

Ah! eene billyke hópe in ons herléven moet
Ik baarde u onheils, maar ik deelde alle uwe pynen,
Sy ftutten op het left; Tancrede gaat verfchynen.
Konne ik niet trooften uw zoo zeer bevangen hert?

AMENAIDE.

Zoo haaft ik zie Tancrede het ganfch bevrédigd wérd,
Zoo haaft dat voorwerp van de fchrikken die my krenken,
Gered werd uit gevaar en billyker zal denken,
Zoo haaft ik leer dat hy niet meer my en benyd,
En dat door naarberouw hy zyne lafters kwyt.

ARGIRE.

Ik uwen ftaat voele, hy moet zeker u bedroeven.
Men noit der tyden en bezeurde zwaarder proeven;
Ik weete wat het koft, en dat men wonden telt,
Waar af een édel hert zig zelden wel herfteld.
'T lit-teeken blyvt, 't is waer: maar tog, myn kind wy zaa-
Tancrede in déze ftrék gevloekt, en weg-gejaagen;   (gen
Leer dat hy is bemind, beroemt, alle eer gezeit,
En dat hy zynen glans alleen op u verfpreid.
Naar alles wat hy déde, hy wilt ons nog doen merken
Door d'overmaat zyns roems en édelmoedig werken,
Waar 's onrechts overmaat zyns médegingers ftrok,
'T gemeente waar voldaan zoo hy die pligt voltrok.
Jaa eenen held hoevt meer, en zynen moed moet tragten
Te rennen uit de paale en bóven ons verwagten.
'T is wat Tancrede doet: onze hópe hy óvertreft,
Hy werd getrouw, zoo hy ftandvaftig u bézeft.
'T gemeente fig verhéft voor u, en word gevoelig,
Tancrede eer haaft ftapt af de dwaaling al te woelig,
Tot ftillen zynen geeft door minnenyd mifleid,
Een woord genoeg.

AMENAIDE.

                        Dat woord en is nog niet gezeit.
Wat fchort my het gemeente en zyn ligtveirdig pógen,
En zyne laftering, en zyn los médédógen,
En de all'gemeene ftemm' dat ik niet hoore meer.
Van eenen fterveling alleen behangt myne eer———
Wét, uwe dogter wel vél' liever héft te fterven,
Dan eenen ógenblik zyne agting hier te derven.
Wét (en ik op het left u alles trotz verhaal)
In mynen wréker dat ik baad myn egtgemaal.
Voor moeders ftervbedd' wy de trouw beloften déden,
Zy zégende ons verbond door haare lefte béden,
Zy voegde onze handen die belóken haar het licht,
By haar, wy zwoeren, in des hémels aangezigt,

En by haare afichen, en by u, heilloozen vaader,
Van ons te minnen. Van u liev te fyn te gaader,
En van aan uwe borft te fluiten onzen band.
Mynheer tot altaar wird ons een fchavot geplant.
En mynen minnaar en gemaal, nu haat het léven
Den afschrik mynder fchande is eenig my gebléven.
Daar is myn lot

ARGIRE.

Dat lot ten leften is verzagt
Wy meer bekómen dan gy zelve hadde oit verwagt.

AMENAIDE.

Ik alles vreez,

VIERDE TOONEEL.
ARGIRE, AMENAIDE, FANY.

FANY.

Verdeel het all'gemeen verblyden,
Dat wonder moet met vreugd u aan het herte glyden.
Tancrede, ftreed, Tancrede het overblyv verdreev
Des légers, dat nog aan het bloed baad óverbleev.
Zelv Solamir is door zyne édele hand befwéken,
Slag-offer fchuldig aan den ftaat dat hy woud wréken,
Aan 't welvaard van een land die onverwinbaar raakt,
En meerft aan uwen naam te fchandelyk gelaakt.
De fnelle faam van nu verfpreid'er af de maaren,
En het vreugd-dronke volk hem volgt by heele fchaaren,
Het naamt hem zynen held, het roemt zyn groot beleid,
En felve het fprékt der troon daar zyne deugd hem beid.
Maar eenen held ten ftryd en volgde zyne fchréden,
Dien Aldamon, die nog héft onder u geftréden,
In dit vermaard beftaan alleen hem hulpe bood.
En doen des Ridders-heir ter zorgerlykken nood,
Ter kryg gewaapend tot zyn byftand nederdaalde,
Het alle was voltoit; Tancrede zegenpraalde.
Hoort gy dat blygeroep, die zynen glans vermeld;
Men verre hem bóven der Franfche helden alle ftelt,
Der Rolands, der Lifois, zyne oorfprongs, zyne vaad'ren.
Zie kroonen zyne deugd met duizend lauwer blaad'ren,
Kóm, zie dien zegenpraal en d'hulde nu ontfang,
De welke gy van hem verwagt hebt al te lang.
Het alle u lacht, het wrékt het leed aan u bedréven,
En voor altyd Tancrede u weder is gegéven.

AMENAIDE.

Ik aademe-op het left, myn hert de vreugd herkent;
Ah! vaader, dank met my den God, die my herzend
Door ongehoorden flaag, wat dat my was ontnómen,
Wat alle plaagen doet dien God my niet ontkómen!
Ik maar van dézen ftond beginne het licht te zien.
Myn heil is tot den top, ah! ik het wel verdien.
Ik alles nu vergét, will' myn geklaag vergéven,
Myne ydele angften, en wat ik u hebb' misdreéven.

Ver-

Verdrukkers van Tancrede, en Burgers die hem fmert
vall’ alle aan zynen voet, hy aan den mynen werd.
ARGIRE.
Ja, d’hémel voor altyd doet alle onz leed verdwynen.
Ik my bedrieg, of ik zie Aldamon verfchynen,
Die volgde alleen Tancrede en fchraagde zyne kragt;
’T is hy dien krygsman in myn huis zoo liev-geagt.
Van onzen voorfpoed hy gewis brengt zekerhéden.
Hoe dan / vernaadert hy tot ons met zwaare fchréden?
Is hy gekwetzt? zyne óg voorfpelt ontfteltenis.

VYVDE TOONEEL.

ARGIRE, AMENAIDE, ALDAMON, FANY.
AMENAIDE.
Sprék, lieven Aldamon, Tancrede winnaar is?
ALDAMON.
Hy is het, ja, Mevrouw.
AMENAIDE.
Die blyde lofgezangen,
Doen my verftaan dat hy ftiert herwaars zyne gangen.
ALDAMON.
Die blyde zangen haaft verkéren in geklaag.
AMENAIDE.
O hémel! wat ik hoor!...
ALDAMON.
Dien zegenryken daag,
Den leften is van dien getrouwen Ridders daagen.
AMENAIDE.
Hy is dan dood?
ALDAMON.
Strax nog zyne ógen ’t licht aanzaagen;
Maar hy is ftervende en in doodelyk gekwel.
Ik brenge aan u van hem den droevigen vaar-wel.
Dien fchrikkelykken briev, en met zyn bloed gefchréven,
Moet zynen leften wille aan u te kennen géven.
En ik die wreede pligt, Mevrouw, al béven kwyt.
ARGIRE.
ô Daag van wedervaar, van wanhópe en van fpyt
AMENAIDE *tot haar zelven kómende.*
Gév my myn vonnis daar de dood my is gefchréven,
Het is my liev... Helaas!.. ô meefter van myn léven!
Uw orden, welk het fy, my tot het graav benood,
Kóm, ik gehoorzaam,... gév, dien briev is myne dood.
ALDAMON.
Léz, en vergév: denk dat ik moeft gehoorzaam wézen.
AMENAIDE.
Myne ógen! ah! gy zult dat bloedig fchrift dan lézen
Konne ik! maar het moet fyn... ô fchrikkelykken ftond!
Zy léft
„ Aan uwe wantrouwe ik niet overléven kond;
„ Ik fterve in het gevegt, maar fterv’ door uwe flaagen.

„ Ik hadde willen, wreede, al my voor u gaan waagen,
„ Het léven én den roem verfpaaren nog aan u.”
Wel, mynen vaader!

Zy herwerpt zig in de ermen van Fany

A R G I R E.

Ah ! het noodelot héft nu
Verzaadigt zynen hoon, voldrégen zyne tréken.
Daar is onze hópe nu en vreeze ganfch ontwéken,
En onzen ftaat aan ons gedógt meer geen geklaag.
Ó Lieve Amenaïde! eer ik verlaat den daag,
En dit gevloekt verblyv vol erg en herte zeeren,
Ik voor het minfte wille aan heel de weirelt leeren,
Aan de gelaakte deugd, welke eere fchuldig is,
En ik in d'overmaat van myne ontfteltenis',
Wille uwe naame dóen door heel den al hógagten.

A M E N A Ï D E.

Wat kont den al tog aan de fmerten die my fmagten?
Wat kont myn vaaderland en 's weirelts overfchot?
Tancrede ftervt.

A R G I R E.

Ik wyke aan myn rampfaalig lot.

A M E N A Ï D E.

Tancrede ftervt, hy ftervt af my verongelyken.

aan Argire

Gy zyt de fchuld... ah! voor hy ftervt, konde aan hem
Wie zie ik? de Tyrans   (blyken,

S E S D E   T O O N E E L.

LOREDAN, RIDDERS, ARGIRE, AMENAÏDE,
A L D A M O N,   F A N Y.

L O R E D A N.

Rampzaaligen Argir!
Heillooze dogter! men geleid, helaas, tot hier
Dien braaven Ridder ganfch doorwond door ed'le flaagen.
Zyn blinden drift héft hem te deftig aangejaagen,
Hy woude fterven, maar hy ftervt als eenen held.
Van 't onweirdeerbaar bloed voor ons te pand geftelt,
Onze haaftige hulpzaamhéd opfchotzede de vloeden.
'T fchynt dat die ziel dat men in dapperhéd zaag gloeden,
Verblyven wilt tot hy Amenaïde ziet.
Hy naamt haar; het getraan uit alle de ogen vliet,
Een billyk naarberouw zig doet alom befchouwen.

{ *Terwyle dat hy fprékt, men vernaadert ftellekens Tan-*
{ *crede tot Amenaïde, bynaar beswéken in de ermen van*
{ *haar gevolg; zy verheft zig heviglyk ende met af-*
{ *fchrik fig keerende tot Loredan.*

A M E N A Ï D E.

Barbaar, verlaat, ftaak dat verfoeilyk berouwen
{ *Toén lópende tot Tancrede en zig aan zyne voeten*
{ *werpende.*

Tancrede lieven vrind, te teéder en te wreed,
Ter leften oogenblyk aanhoort gy nog myn leed?

Kont uw verzwaard gezigt zig nog tot mywaars draagen?
Helaas! herkenn' my nog, kenne alle myne plaagen,
Voor 't minfte in 't felve graav uwe egtgenoode ontfang!
Dit is myn lievfte, het is myn eenigfte belang....
Gy dien gewyden naam aan my wel woud belóven,
Gaa onze dwingelands in wreedhéd niet te bóven;
Vereer uwe egtgemaal op 't left met een beóg.

    hy beziet haar.

Daar is het lefte dan dat ik verhópen móg!
Zoude uw grootmoedig herte haar trouwig herte fmaaden?
Konne ik u zyu verdagt?

      T A N C R E D E *zig een weinig verheffende*

                  Ah gy my hebt veraaden!

      A M E N A I D E.

Wie? ik, Tancrede?

          Zig ook werpende op zyne knien van de
A R G I R E,   *ander zyde ende Tancrede omhelzende,*
          daar naar verheft zig

            Helaas! myn ongelukkig kind,

Gevonnifd wird dat te zeer u héft bemint;
Zy wird geftraft dat zy u haare trouw bewaarde,
En tegen u, en haar wy waaren al ontaarde.
Dien hógen rechterftoel, de Ridders, onze wéth,
Wy faalden alle; zy alleen was onbefmet.
Haar ongelukkig fchrift déde ons tot wraake tréden,
Dat fchrift voor u was, voor den held door haar aenbé.
Te wreedelyk mifleid, ik hebbe u zelv verblind,   (den

      T A N C R E D E.

Amenaïde! ô God! is 't waar? gy my bemint?

      A M E N A I D E.

Gaa, ik hadde inderdaad verdient de ftraff te lyden,
Die fchandelykke ftraff waar af gy my woud vryden,
Indien ik eenen ftond myne eeden hadd mifgaan,
Indien myu herte u zoo groot onrecht hadd gedaan.

T A N C R E D E *een weinig kragt ernemende ende de ftemme*
           verheffende,

Gy my bemint! dat heil gaat bóven myne plaagen!
Hoe zeer dat woord aan my het léven dóet beklaagen:
'K verdien de dood, ik hebb' de laftering gelóvt.
Myn leven ys'lyk was, helaas! het word m'ontróvt,
Doen door een woord van u het eewig wird gelukkig.

      A M E N A I D E.

'T en is dán, grooten God! maar in déze uer zoo drukkig,
'T en is maar aan de dood dat hy my mógt verftaán?
Tancrede!...

      T A N C R E D E.

      Ik waar gewis getrooft door u getraan,
Maar ik moet fcheiden; ah! wat is de dood my diere!
Ik voele, zy genaakt: hoort my voor 't left, Argire;
Daar is het weirdig werk, wiens trouw my was verpand,
Van alle onze agterdogts onnoozele offerand,

Voeg haare bévende, aan die bloedige hand van daage.
Dat ik den naam van haar gemaal ten graave draage,
Sy mynen Vaader!

A R G I R E hunne handen voegende.

Dat gy konde in deze trouw,
Lang léven nog, bemind van uwe lieve vrouw!

T A N C R E D E.

Tot wréken myne vrouwe en land ik lévde veirdig,
Ik in hunne ermen sterve, ik sterve hun beide weirdig.
Van beide wel bemind, ik mynen wenſch geniet:
Amenaïde!...

A M E N A I D E.

Eh! wel!

T A N C R E D E.

Volg uwen minnaar niet,
Blyv aan Argire en ſweir dat gy zult blyven léven.

C A T A N E.

Hy ſtervt... en wy, helaas! door naar berouw begéven....
Wy kenden hem te laat....

A M E N A I D E ſig werpende op het lyv van Tancrede

Hy ſtervt en gy nog lévt...
Gy wreede gy tyrans die hem de dood ſték gévt!

Zy verheft haar ende ſtapt

Dat de helle inſlokke, en u, en myne vaaderſtréken;
En uwen dollen raad, en ſchrikkig rechts beſtéken;
Die dwaaz d'onnoozelhéd ſlagt met het ſtaal der weth.
Ah! konde ik ſterven hier ter ſtéde in ſtof verplét,
Op uwe lyvs, bebloed, geſuévd dóor blixems veuren.

Zy herwerpt zig op het lyv van Tancrede.

Tancrede! helaas! Tancrede!

Zy verhéft haar in Razernyen.

Hy ſtervt, en gy durvt treuren!
Ik volg hem, ik hem hoor, hy roept, hy my verwagt:
Hy ſig hervoegt met my ter eyndeloozen nagt.
Ik laat u aan de plaag bereid voor u te gaader.

Zy valt in de ermen van Fany

A R G I R E.

Ah! myne dogter!

A M E N A I D E vervoert ende hem verſtootende

Staa: ik kenne u niet voor vaader.
Gy noit dat heilig merg in uwen boezem droeg.
Gy méde pligtig was, ja gy my mede ſloeg....
Ah! my vergéev!... helaas! will' myn 'er tog ontfermen...
Ik ſterve in uwe miñ' getrouwig in uwe ermen!
Tancrede! (zy valt aan zyne zyde)

A R G I R E.

Amenaïde, ô Fany! voor ik ſnév,
Behelp, behelp! en haar het leven wedergév.

E I N D E.

N. B. Het Handſchrift ſtiptelyk nagevolgt, ingevolge het
ſchriftelyk Laſt van die het behoort.

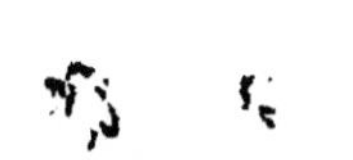